TrabiTour

VMBO-GT
Arbeitsbuch

E

WWW.TRABITOUR.NOORDHOFF.NL

DERDE EDITIE

AUTEURS
Gert Baas
Kees van Eunen
Linda Harshagen
Karoline Heidrich
Marcel den Hollander
Willemijn van Kreel
Arjan Krijgsman
Caroline Maser
Matthias Mitzschke
Yolande Schyns
Anke Vinzelberg
Nienke Vlak

Noordhoff Uitgevers

W0244317

► **Textbuch, bron x**	Hier staat dat je de bron in het *Textbuch* kunt vinden.
► **Site**	Als je deze verwijzing ziet staan, ga je naar de website van *TrabiTour* om de opdracht te kunnen maken.
	Dit is een extra opdracht die je kunt maken als je tijd over hebt.
	Deze opdracht maak je met twee of meer leerlingen.
	Dit is een opdracht waarin je de leerstof nog een keer kunt oefenen.
	Dit is een luister- of kijkopdracht. Ga naar de website van *TrabiTour*.
	Dit is een opdracht waarbij je een woordenboek nodig hebt.
	Dit is een creatieve opdracht.
	Dit is een *Witz*.

© Noordhoff Uitgeve

Inhalt

oordhoff Uitgevers bv

13 Facebook und Festplatte

Als je alles in dit hoofdstuk gedaan hebt, kun je:
- een gesprek met een klantenservice begrijpen;
- teksten begrijpen over nieuwe media;
- zeggen welke sociale media jij gebruikt;
- een bericht op Facebook schrijven;
- ... nog veel meer!

Einleitung: Landeskunde

Lees de inleiding en **bekijk** de grote foto in het ▸**Textbuch**. Zoals je hebt kunnen zien en lezen, gaat dit hoofdstuk over computers en sociale media.
In veel Duitse woorden die met computers te maken hebben, staat aan het begin de letter 'E' (van 'elektronisch'). **Schrijf** achter elk woord een woord uit het kader dat erbij hoort.

E-Bass – E-Card – E-Mail – E-Book-Reader – E-Mag – E-Sport – E-Voting

1. Lesegerät ____________________
2. Musikinstrument ____________________
3. Nachricht ____________________
4. Postkarte ____________________
5. Wahl mit elektronischen Hilfsmitteln ____________________
6. Wettkampf mit Computerspielen ____________________
7. Zeitschrift ____________________

© Noordhoff Uitgeve

1.1 Landeskunde

a Bekijk de foto van het *Computerspielemuseum* in Berlijn in het ▸**Textbuch, bron 1** en **lees** wat Mike daarover vertelt. **Kruis** aan of de zinnen *richtig* of *falsch* zijn.

In Berlin steht Europas erstes Computerspielemuseum. Hier sind mehr als 300 Computerspiele ausgestellt, unter anderem der *Nimrod*, das erste Computerspiel aus 1951. Auch befinden sich in diesem Museum ein Riesenjoystick und bekannte Spiele wie *Pacman* und *Space invaders*. Das Museum ist an allen Tagen der Woche geöffnet, außer dienstags. Der Museumshop bietet zum Thema Computerspiele 80 verschiedene Artikel.

r	f	
O	O	1. Het oudste computerspel heet *Nimrod* en is meer dan een halve eeuw oud.
O	O	2. Het museum is de hele week open en heeft ook een winkel.

b Zoek bij elk blokje een blokje dat erbij past en **geef** de bij elkaar passende blokjes dezelfde kleur.

Öffnungszeiten	U-Bahn: U5 S-Bahn: S3, S5, S7, S75	Adresse
Karl-Marx-Allee 93a	Eintrittspreise	Zahlungsmöglichkeit für Online-Tickets
Games-Quiz	Anfahrt / öffentliche Verkehrsmittel	10:00 – 18:00 Uhr
normal: € 8,- / ermäßigt € 5,-	Kreditkarte	Teste dein Wissen!

2.1 Landeskunde

Bekijk de foto van de tentoonstelling over Konrad Zuse in het ▸**Textbuch, bron 2** en **lees** wat Anna over hem vertelt. **Beantwoord** daarna de vragen in het Nederlands.

Konrad Zuse ist Ingenieur, Erfinder und Unternehmer. Er wird 1910 bei Berlin geboren und stirbt 1995 in Hünfeldt, einem kleinen Dorf in Hessen.
1941 baut Zuse die Z3, den ersten Computer der Welt. Das Original wird 1943 bei einem Bombenangriff zerstört. Zuse steht im Jahre 2003 auf Platz 15 in einer Liste mit 100 berühmten Deutschen. 2010 erscheint eine Briefmarke zum 100. Geburtstag von Zuse.

1. Wat was Konrad Zuse, behalve ingenieur, nog meer van beroep?

____

2. In welk *Bundesland* is Zuse geboren en in welk *Bundesland* is hij overleden?

____

3. Waardoor bestaat de originele 'Z3' niet meer?

____

ordhoff Uitgevers bv

3 3.1 Landeskunde

a **Bekijk** de foto van de reclame in het ▸**Textbuch, bron 3** en **lees** wat Yusuf over Swatch – een wereldberoemd bedrijf uit Zwitserland dat horloges maakt – vertelt. **Beantwoord** daarna de vragen in het Nederlands.

Vorige Woche hat meine Cousine Andrea zum Geburtstag eine digitale Touchscreen-Uhr von Swatch bekommen. Diese Uhr hat, wie die meisten anderen Uhren, keine Drucktasten, sondern einen Touchscreen. Über diesen Screen können sechs Funktionen gesteuert werden: Zeit (2 Zonen), Datum, Chrono, Wecker, Timer und Ton.
Alles ist durch Antippen sowie Scrollen einfach und schnell zu navigieren. Die Uhr ist auch wasserbeständig; das ist toll für meine Cousine, denn sie schwimmt unheimlich gern.

1. Wie heeft dit horloge gekregen en wat is een hobby van deze persoon?

____

2. Wat heeft dit horloge niet wat veel andere horloges wel hebben?

____

b 'Swatch' is een *Kofferwort*, een verzonnen woord dat van stukjes van twee of meer andere woorden is gemaakt. 'Swatch' bestaat uit twee Engelse woorden: de afkorting voor 'second' (een 's') en 'watch'. **Maak** bij elke omschrijving een *Kofferwort* van de letters die achter de zin staan. **Kijk** eerst naar het voorbeeld.
Voorbeeld:

Mahlzeit aus den englischen Wörtern für Frühstück (**br**eakfast) und Mittagessen (l**unch**). Brunch

1. Luftverschmutzung aus den englischen Wörtern für Rauch (*smoke*) und Nebel (*fog*). **GMOS** __________
2. Badeanzug für muslimische Frauen, aus den Wörtern 'Bikini' und 'Burka'. **NIRBKIU** __________
3. Rasthaus für Autoreisende, aus 'Motor' und 'Hotel'. **TOELM** __________
4. Es bedeutet 'ja und nein'. **NJIE** __________
5. Der meist getrunkene Instantkaffee der Firma Nestlé. **CANESFÉ** __________
6. Kreuzung aus einem 'Löwen' und einer 'Tigerin'. **RLEIG** __________

3.2 Wörter

Kies uit de kantlijn het woord dat het beste in de zin past. **Vertaal** dat woord in het Duits. De woorden komen uit *Kapitel* 11 en 12.

nieuwsgierig / onzeker	1. Sandra will immer alles wissen. Sie ist sehr ____________________.
netjes / slim	2. Dass du das weißt. Super! Du bist sehr ____________________.
afspreken / ophalen	3. Alles klar! Wir werden dich um 8:00 Uhr ____________________.
dansen / genieten	4. Ich gehe gerne in die Disko. Ich mag ____________________.
gevorderde / beginner	5. Peter ist ____________________. Der kann noch nichts.
skibril / skihelm	6. Man braucht eine ____________________, wenn die Sonne scheint.
koel / heet	7. Es ist hier sehr ____________________. Wo ist meine Jacke?
hemel / mist	8. Ist Skifahren bei ____________________ gefährlich?

© Noordhoff Uitgevers

3.3 Sprechen

Werk in tweetallen. Jij bent A en een klasgenoot is B. **Zet** de woorden in de juiste volgorde.
Let op: de schuingedrukte werkwoorden zijn nog niet vervoegd.

Voorbeeld:
der Skipass *sein* – lange – gültig – wie?
Wie lange **ist** der Skipass gültig?

Schüler A	Schüler B
Anfänger – du *sein?*	wohl – das – sagen – man *können*
der Skipass *sein* – lange – gültig – wie?	drei – gültig – manche Skipässe *sein* – Wochen
die Skier – gekauft – du *haben?*	Skier – geliehen – nein, ich *haben* – die
du *übernachten* – im – wo – Urlaub?	in – Hotel – wir *übernachten* – einem
ihr *fahren* – zurück – wann?	wir *fahren* – in – zurück – Tagen – drei
die Wetteraussichten *sein* – wie?	nicht – gut – so – leider – sie *sein*

3.4 Wörterliste A

a De volgende woorden hebben allemaal met computers en telefoons te maken. **Lees** de woorden een keer goed door.

	DER-woorden
het beeldscherm	der Bildschirm
de computer	der Computer
de printer	der Drucker
de kalender	der Kalender
de beltoon	der Klingelton
de laptop	der Laptop
de internetaanbieder	der Provider
	DIE-woorden
de batterij, de accu	die Batterie
de harde schijf	die Festplatte
de functie, de functies	die Funktion, **die** Funktionen
de camera	die Kamera
de muis	die Maus
de toets	die Taste
het toetsenbord	die Tastatur
	DAS-woorden
de afmeting	das Ausmaß
het gewicht	das Gewicht
de telefoon	das Handy
het netwerk	das Netz
het teken, de tekens	das Zeichen, **die** Zeichen
	DIE-woorden (meervoud)
de gegevens	die Daten
de belangrijkste kenmerken	die Hauptmerkmale
de maandelijkse kosten	die monatlichen Gebühren

oordhoff Uitgevers bv

b **Vertaal** de woorden die tussen haakjes staan.

1. Auf der (harde schijf) ______________________ stehen viele (gegevens) ______________.
2. Ich habe eine schnurlose (muis) ______________ und (toetsenbord) ______________________.
3. Mein Handy hat einen (kalender) ______________ und eine (camera) ______________.
4. Die (kosten) ______________________ für ein Abonnement sind nicht so hoch.
5. Mein (printer) ______________ ist kaputt.
6. Bei einem Laptop sind (afmeting) ______________ und (gewicht) ______________ wichtig.
7. Ich muss die (accu) ______________________ aufladen, sie ist leer.
8. Eine Twitter-Nachricht besteht aus maximal 140 (tekens) ______________.

c **Leer** nu de woorden Nederlands-Duits en Duits-Nederlands. Je kunt de woorden ook oefenen op de **▸Site**.

4

4.1 Hören

✪A2

a Pauls ouders hebben ruzie. Pauls vader heeft op Facebook iets over zijn vrouw gelezen wat hem niet bevalt. **Luister** op de **▸Site** naar *Manchmal tust du mir echt leid* en **lees** het gesprek mee in het **▸Textbuch, bron 4**. **Onderstreep** het juiste antwoord.

1. Eric heeft op de Facebookpagina van moeder **twee** / **vier** positieve opmerkingen gemaakt.
2. Vader vindt het **terecht** / **onterecht** dat Luise over zijn bezoek aan haar Facebookpagina begint.
3. Vader wil **scheiden** / **dat zijn vrouw tijdelijk vertrekt**.
4. Moeder kent de echte Eric Cartman **persoonlijk** / **niet persoonlijk**.

b Paul begrijpt er nog steeds helemaal niets van. Jij wel? Met wie was Pauls moeder 's middags nu eigenlijk in de stad?

____

© Noordhoff Uitgevers

☆ 4.2 Rätsel

Welk woord staat er? **Maak** van de letters een woord en **schrijf** dit op. De eerste en de laatste letter staan op de juiste plek. **Zoek** daarna bij elk gemaakt woord een ander woord dat erbij past: **kies** A, B, C of D. **Kijk** eerst goed naar het voorbeeld bij nummer 1.

Voorbeeld:

1. HSTLLAEETLE Haltestelle
   - ○ A Ampel
   - ○ B Autobahn
   - ● C Bus
   - ○ D Kreisverkehr

2. FLIM ______________
   - ○ A Kino
   - ○ B Konzert
   - ○ C Restaurant
   - ○ D Theater

3. LWANIE ______________
   - ○ A Berg
   - ○ B Club
   - ○ C Glühwein
   - ○ D Hütte

4. BNZIEN ______________
   - ○ A Fahrradweg
   - ○ B Strand
   - ○ C Tankstelle
   - ○ D Zug

5. ETIRITNT ______________
   - ○ A Restaurant
   - ○ B Club
   - ○ C Hotel
   - ○ D Kneipe

6. NOITAGIVAN ______________
   - ○ A Auto
   - ○ B Flugzeug
   - ○ C Straßenbahn
   - ○ D U-Bahn

7. HHUCSDNAH ______________
   - ○ A Nebel
   - ○ B Regen
   - ○ C Winter
   - ○ D Sonne

8. LEBIE ______________
   - ○ A Geburtstag
   - ○ B Hochzeit
   - ○ C Nachbar
   - ○ D Scheidung

5

5.1 Museum für Kommunikation

A2

Vandaag gaan Ilse en Marcel naar een museum. Wat daar allemaal te zien is? **Kijk** op de ►Site naar *Museum für Kommunikation* en **onderstreep** in elke zin het juiste antwoord.

1. Ilse studeert aan een **hogeschool** / **universiteit**.
2. Het museum bestaat sinds **1827** / **1872**.
3. In de Tweede Wereldoorlog werd het museum **in brand gestoken** / **beschadigd**.
4. Ilse vindt de sprekende robot **aardig** / **netjes**.
5. Op de eerste verdieping zijn **telefoons en buizenpost** / **een postkoets en uniformen** te zien.
6. Ilse zegt: 'Misschien lachen de mensen over **50** / **15** jaar ook wel om onze smartphones.'
7. In de schatkamer zijn **beroemde en kostbare** / **beroemde en zeldzame** dingen te zien.
8. De overgebleven 'Blauwe Mauritius' zijn samen **12 miljoen euro** / **500 miljoen euro** waard.
9. De eerste **ansichtkaart** / **briefkaart** komt uit Oostenrijk.
10. Ilse zegt dat ze **volgende week moet studeren** / **over twee weken meer tijd heeft**.

5.2 Grammatik

In de volgende opdrachten herhaal je de grammatica uit *Kapitel* 12. Weet je niet meer precies hoe het moet? **Kijk** dan in het ►**Textbuch, grammaticaoverzicht**.

A 1e en 4e naamval

a **Ontleed** de zinnen. **Kleur** alle 1e naamvallen (onderwerpen) rood. **Kleur** alle 4e naamvallen (lijdende voorwerpen en voorzetsels) geel.

1. Tony sucht das Tablet.
2. Der Junge kauft es für seine Freundin.
3. Meine Eltern bezahlen mein Handy-Abo.
4. Mein Lieblingsspiel ist FIFA.

b **Vertaal** de woorden tussen haakjes in het Duits.

1. (De) _______ Handy (o) hat eine Kamera mit 8 Megapixeln.
2. (De) _______ Lehrer (m) hat (de) _______ Fotos (mv) auf dem Computer gespeichert.
3. Kannst du mir (het) _______ Buch (o) zurückgeben?
4. Magst du (de) _______ Skiurlaub (m)?
5. Ich kenne (de) _______ Weg (m) nicht.
6. (De) _______ Rechnung (v) ist für (de) _______ Mutter (v).
7. (De) _______ Schlange (v) hat (het) _______ Kind (o) gebissen.
8. (Het) _______ Mädchen (o) hat (de) _______ E-Mail (v) schon verschickt.
9. (De) _______ Vater (m) hat (het) _______ Kennwort (o) vergessen!
10. Hast du (de) _______ Mann (m) gesehen?

B Voltooid deelwoord

Zet de zinnen in de voltooide tijd. **Let** op de juiste vorm van *haben* en *sein*. **Kijk** eerst naar het voorbeeld bij zin 1.

1. Ich lerne Snowboarden. Ich habe Snowboarden gelernt.

2. Anna wohnt in Klagenfurt.

____

3. Timo verkauft seine Playstation.

____

© Noordhoff Uitgevers

4. Mein Vater sichert seinen Computer.

____

5. Mein Bruder repariert das Handy.

____

6. Ich mache einen Skikurs.

____

7. Lisa sucht Informationen über Klingeltöne.

____

8. Wir hören Musik auf unserem Handy.

____

9. Ich sage die Wahrheit.

____

10. Emma schickt die E-Mail.

____

5.3 Hören

A2

De vader van Max is docent Frans geweest, maar heeft nu een eigen bedrijf. Hij is op dit moment in Spanje en moet op bezoek bij een klant. Daarvoor heeft hij zijn iPhone nodig, maar die doet het niet. Hij belt met zijn vrouw en zoon in Duitsland. **Luister** op de ▶**Site** naar *Die erste Zahl ist Null*. Het gesprek bestaat uit drie delen. **Maak** de volgende opdrachten.

Teil 1 – Vater und Mutter
Kruis steeds aan of de zin *richtig* of *falsch* is.

r	f	
O	O	1. Vader kan zich de naam van de klant en het gebouw waar de klant werkt niet herinneren.
O	O	2. Moeder vraagt of het probleem door de accu is veroorzaakt.
O	O	3. De winkel van 'Apple' ligt in het centrum van Madrid.

Teil 2 – Vater und Sohn
Zet de zinnen in de juiste volgorde. **Vul** de antwoordkolom in.
A Tot het logo weer verschijnt.
B Je weet niet wat hier op het spel staat.
C Je kunt mij niet bij elk probleempje opbellen.
D Dat is een goed voorstel.
E Ik heb morgen een proefwerk Frans over twee verleden tijden.

1.	
2.	
3.	
4.	
5.	

Teil 3 – Vater, Mutter und Sohn
Beantwoord de vragen in het Nederlands.
1. Waarom weet Max de code van zijn vader?

____

2. Wat moet de vader van Max doen om het volgende getal van de code van Max te krijgen?

____

5.4 Aussprache

a In deze opdracht ga je lastige woorden leren uitspreken. Je moet deze woorden op de juiste plek splitsen om ze goed uit te spreken. Een voorbeeld van zo'n woord in het Nederlands is 'bommelding'. **Luister** op de ▸**Site** naar de woorden en **spreek** ze na.

1. zuerst
2. daran
3. heraus
4. zusammen
5. Wochenende
6. miteinander
7. beenden
8. nachher

b **Maak** tweetallen. **Lees** om de beurt een zin voor. **Help** en **verbeter** elkaar als dat nodig is!

1. Zuerst mache ich meine Hausaufgaben.
2. Am Wochenende schicke ich dir die Fotos.
3. Wir können das Spiel doch miteinander spielen.
4. Zusammen macht es mehr Spaß!
5. Ich beende jetzt unseren Chat.
6. Mein Opa hat seine Stereoanlage verkauft.

6

6.1 Lied

a **Luister** op de ▸**Site** naar het lied *Irgendwas bleibt*. **Lees** de tekst mee in het ▸**Textbuch, bron 6**.

b Hoe vind je de tekst en melodie van dit lied? **Teken** je mening in de tabel met een duim omhoog of een duim omlaag.

So finde ich den Text	So finde ich die Melodie

c **Luister** nog een keer naar het lied en **zing** mee! Op de ▸**Site** vind je ook een karaokeversie!

6.2 Grammatik: Sprechen

Werk in tweetallen. **Voer** het gesprek. **Verdeel** de rollen en **vertaal** de werkwoorden tussen haakjes in het Duits. De werkwoorden die je moet gebruiken staan in de juiste volgorde in het kader.

machen – spielen – telefonieren – erzählen – reparieren – kaufen – bestellen – fotografieren – reservieren

Schüler A	Schüler B
Was (heb jij) heute (gedaan)?	Axel und ich (hebben) Tischtennis (gespeeld). Und du?
(Ik heb) mit Fabian (getelefoneerd).	Und was (heeft hij) dir (verteld)?
(Hij heeft) mein Fahrrad (gerepareerd).	Das ist lieb. Guck dir dieses Foto an! Diese Hose (heb ik) heute (gekocht).
Die ist schön. (Heb jij) sie im Internet (besteld)?	Ja. Und hier, dieses Foto, das ist mein Zimmer. Meine Mutter (heeft) die Unordnung in meinem Zimmer (gefotografeerd).
Hahaha. Siehst du Axel morgen wieder?	Ja, er, meine Eltern und ich gehen essen. (Zij hebben) schon einen Tisch (gereserveerd).
Super. Ich gehe morgen mit Fabian ins Kino.	Das ist auch schön.

© Noordhoff Uitgevers

6.3 Wörter

Ken je de signaalwoorden uit de vorige hoofdstukken nog? **Vertaal** de woorden tussen haakjes.

1. Ich kann nicht kommen, (*want*) _______________ mein Computer ist soeben kaputtgegangen.
2. (*Als*) _______________ ich genügend Geld gespart habe, dann werde ich eine Digitalkamera kaufen.
3. Mein Vater kann den Laptop nicht reparieren: Er hat keine Zeit. (*Bovendien*) _______________ ist er in Paris.
4. Mensch, du siehst aus (*als*) _______________ ein gecrashter Computer!
5. Mein Bildschirm ist kaputt und (*ook*) _______________ der Drucker funktioniert nicht mehr.
6. Kaufst du einen Laptop (*of*) _______________ ein Tablet?
7. Zuerst gehe ich in ein Computergeschäft, (*daarna*) _______________ komme ich zu dir.
8. Meine Oma hat keinen Computer, (*maar*) _______________ ein Tablet.

6.4 Spiel

Schrijf op een los blaadje in het Duits iets over jezelf: hobby, sport, aantal broers / zussen, woonplaats ... maar niet je naam! **Geef** het blaadje aan je docent.

Hoe gaat het spel?
- De docent doet alle blaadjes in een doos en haalt er eentje uit. Hij leest voor wat er op het blaadje staat. Jij moet raden over wie het gaat! Weet je het? Wacht dan tot je de beurt krijgt en zeg om wie het volgens jou gaat.
- Heb je goed geraden? Dan mag jij een blaadje pakken en voorlezen wat daarop staat.

7

7.1 Lesen

A2

a Houd jij ook van games? **Lees** de tekst *GameStop – Wir bringen's überall* in het ▸**Textbuch, bron 7** en **kruis** steeds aan, of de zin *richtig of falsch* is.

r	f	
O	O	1. Je kunt ook games bestellen die nog niet verschenen zijn.
O	O	2. Je kunt op deze site uitsluitend nieuwe games bestellen.
O	O	3. Op de site van GameStop kun je ook allerlei accessoires kopen.
O	O	4. Als een bestelling je niet bevalt, dan kun je die uitsluitend terugsturen naar GameStop.
O	O	5. Als je je aanmeldt op de Facebookpagina van GameStop, dan kun je elke week een prijs winnen.
O	O	6. Je bestelling wordt gratis verzonden.

b In de tekst staan – behalve PC, www en com – nog twee afkortingen. **Schrijf** de Nederlandse vertaling daarvan op.

1. inkl. _______________________

2. z. B. _______________________

7.2 Grammatik: 1e en 4e naamval bij *(k)ein / (k)eine*

a **Lees** de informatie in het kader.

In de vorige hoofdstukken heb je de 1e en de 4e naamval van het persoonlijk voornaamwoord en van de lidwoorden 'de' en 'het' geleerd.

De 1e naamval gebruik je als een zinsdeel het onderwerp is.
Een voorbeeld: **Der** Computer ist kaputt. **Der** Computer = het onderwerp

De 4e naamval gebruik je als een zinsdeel het lijdend voorwerp is.
Een voorbeeld: Richard hat **den** Computer repariert. **den** Computer = lijdend voorwerp

Deze verandering van **der** (onderwerp) in **den** (lijdend voorwerp) heb je niet alleen bij 'de' en 'het', maar ook bij de woorden 'een' en 'geen'. Kijk maar eens in de volgende tabel.

***Ein*-groep:**

	mannelijk	vrouwelijk	onzijdig	meervoud
1e	(k)ein Mann	(k)eine Frau	(k)ein Kind	keine Kinder
4e	(k)ein**en** Mann	(k)eine Frau	(k)ein Kind	keine Kinder

Als je 'de' in de voorbeeldzinnen vervangt door 'een', dan gaan die zinnen als volgt:
Ein Computer ist kaputt. Richard hat **einen** Computer repariert.

Als je goed in de tabel kijkt, dan zie je dat er niet veel verandert. Alleen bij mannelijke woorden verandert het lidwoord in de 4e naamval: dan vertaal je 'een' met ein**en**. Je hoeft dus alleen op de mannelijke woorden te letten!

b Nu ga je zelf oefenen. **Vul** de 1e of de 4e naamval in van de woorden in de kantlijn. **Let** er goed op of het woord onderwerp (1e naamval) of lijdend voorwerp (4e naamval) is.

1. een David kauft ________ Drucker (m).
2. geen Hast du ________ Haustiere (mv)?
3. een Julia hat ________ Katze (v).
4. een Ich möchte mit dir ________ Fotokurs (m) machen.
5. een Pippa postet ________ Nachricht (v) auf Facebook.
6. geen Herr Bracht, haben Sie ________ Handy (o) mit Touchscreen?
7. een Ich habe ________ Klingelton (m) von Michael Jackson!
8. een Wir haben ________ USB-Anschluss (m) im Badezimmer.

☆ 7.3 Rätsel

Je doet mee aan een prijsvraag. Welk woord moet je sms'en om te kunnen winnen? **Kraak** in zin a t/m f de code; **gebruik** hiervoor het toetsenbord. **Schrijf** de gevonden woorden op. Alle woorden staan in *Wörterliste A.*

© Noordhoff Uitgevers

a. 5 – 2 – 6 – 3 – 7 – 2 ______________________

b. 5 – 2 – 5 – 3 – 6 – 3 – 3 – 7 ______________________

c. 3 – 7 – 8 – 2 – 5 – 3 – 7 ______________________

d. 5 – 2 – 7 – 8 – 6 – 7 ______________________

e. 5 – 5 – 4 – 6 – 4 – 3 – 5 – 8 – 6 – 6 ______________________

f. 4 – 2 – 6 – 3 – 9 ______________________

8 8.1 Lesen

a Zeven weken zonder Facebook, zou jij dat volhouden? **Lees** de tekst *Sieben Wochen ohne Facebook* in het **▸Textbuch, bron 8**. **Beantwoord** de vragen in het Nederlands.

1. Wat doen mensen in de vastentijd vaak niet? **Noem** twee dingen. ______________________

____

2. Wat zijn twee redenen waarom mensen vasten?

____

3. Wat deed Daniel in plaats van facebooken? ______________________

4. Was het 'facebook-vasten' moeilijk? ja / nee

5. Wat is voor Daniel moeilijk om twee maanden niet te doen?

____

b Zou jij het volhouden: zeven weken zonder sociale media? **Leg** je antwoord uit.

____

____

ordhoff Uitgevers bv

8.2 Hören

A2

Dilek heeft een tablet-pc bij de 'Preishammer' besteld. Hij had al geleverd moeten zijn. Ze besluit met de klantenservice te bellen. **Luister** op de **▸Site** naar *Wo ist mein Tablet?* en **zet** de zinnen in de juiste volgorde. **Schrijf** die volgorde op de tablet.

A Dilek wil de tablet op schoolreis meenemen.
B Dilek woont in de Neuendorfer Straße in Koblenz, op nummer 25.
C Dilek moet in het keuzemenu toets twee kiezen.
D Dilek heeft drie weken geleden een tablet besteld.
E De tablet is vier dagen geleden verstuurd.

8.3 Grammatik: bezittelijk voornaamwoord in de 1ᵉ en 4ᵉ naamval

a **Vertaal** de bezittelijke voornaamwoorden in het Nederlands. Weet je de vertaling niet meer? **Kijk** dan in het **▸Textbuch, grammaticaoverzicht**.

mein ________________	unser ________________
dein ________________	euer ________________
sein ________________	ihr ________________
ihr ________________	Ihr ________________

b Het bezittelijk voornaamwoord krijgt dezelfde uitgang als *ein* en *kein*. Als *ein* in de 4ᵉ naamval mannelijk verandert in *ei**nen***, dan veranderen *mein*, *dein*, enzovoort ook in *mei**nen***, *dei**nen***, enzovoort.

Voorbeelden:

Ich habe einen Freund (m).	Kennst du mei**nen** Freund (m)?	Kennst du ih**ren** Freund (m)?
Ich habe eine Freundin (v).	Kennst du sein**e** Freundin (v)?	Kennst du unser**e** Freundin (v)?

c **Bekijk** het schema.

	***der*-woorden**	***die*-woorden**	***das*-woorden**	**meervoud**
onderwerp	ein, kein, mein, dein, sein, ihr, unser, euer, ihr, Ihr	ein**e**, kein**e**, mein**e**, dein**e** enzovoort	ein, kein, mein, dein enzovoort	kein**e**, mein**e**, dein**e** enzovoort
lijdend voorwerp en na de voorzetseis *durch, für, ohne, um, gegen*	ei**nen**, kei**nen**, mei**nen**, dei**nen**, sei**nen**, ih**ren**, unse**ren**, eue**ren**, ih**ren**, Ih**ren**	ein**e**, kein**e**, mein**e**, dein**e** enzovoort	ein, kein, mein, dein enzovoort	kein**e**, mein**e**, dein**e** enzovoort

© Noordhoff Uitgevers

d Lees de volgende informatie.

Volg het stappenplan als je een bezittelijk voornaamwoord moet gebruiken:
1. Vertaal het bezittelijk voornaamwoord.
2. Kijk of het woord waar het bezittelijk voornaamwoord voor staat mannelijk (m), vrouwelijk (v), onzijdig (o) of meervoud (mv) is.
3. Kijk of er een voorzetsel met de 4e naamval voor het bezittelijk voornaamwoord staat. Als dit zo is, zoek dan de juiste vorm in de tabel op.
4. Is dat niet zo? Ontleed dan de zin en bepaal om welk zinsdeel het gaat (onderwerp of lijdend voorwerp) en in welke naamval (1e of 4e) dat staat.
5. Schrijf de juiste vorm op.

Voorbeeld: Ik ken zijn vader.
1. zijn = sein
2. vader = der Vater (= mannelijk)
3. nee, geen voorzetsel
4. zijn vader = lijdend voorwerp = 4e naamval
5. Ich kenne seinen Vater.

e Schrijf de juiste uitgang achter de bezittelijke voornaamwoorden. Soms hoef je geen uitgang op te schrijven. **Gebruik** het stappenplan.

1. Der Trabi fährt gegen ein______ Baum (m).
2. Ihr______ Handynummer (v) ist 0049187091592.
3. Ich kenne sein______ Klassenlehrer (m) nicht.
4. Mein______ Mutter (v) braucht ein______ neuen Computer (m).
5. Ich habe sein______ Laptop (m) versteckt.
6. Mein______ Tastatur (v) funktioniert nicht mehr.
7. Dein______ Nachricht (v) habe ich nie empfangen.
8. Ein______ Kennwort (o) muss aus mindestens acht Zeichen bestehen.
9. Sylvie hat ein______ grünes Tablet (o).
10. Sein______ Bruder (m) hat sein ______ Handy (o) verloren.

9

9.1 Witz

Bekijk de mop in het ▸**Textbuch, bron 9**. **Beantwoord** de vraag in het Nederlands.

De kat zegt: 'Inderdaad – hij is ook online.' Wat bedoelt de kat hier met 'online'? **Leg** je antwoord uit.

____

9.2 Aussprache

a In deze opdracht ga je de klanken in de tabel herhalen. **Lees** de letter en de voorbeelden. **Luister** op de ▸**Site** naar de voorbeelden en **onderstreep** in de laatste kolom de juiste klank.

Zo schrijf je het	Voorbeelden	Klank
1. g	**g**ehen	'Engelse' g / zachte g
	vori**g**es Jahr	'Engelse' g / zachte g
2. ch	bre**ch**en	'Engelse' g / zachte g
	schle**ch**t	'Engelse' g / zachte g
	Beri**ch**t	'Engelse' g / zachte g

ordhoff Uitgevers bv

b Luister op de ▶Site naar de uitspraak van de woorden. **Vul** de ontbrekende letter(s) in.

1. ___uten Ta___
2. der Spei___er
3. das ___ewi___t
4. das Zei___en
5. monatli___
6. ein___eben
7. foto___rafieren
8. sü___tig

c Maak tweetallen. **Lees** om de beurt een zin voor. **Help** en **verbeter** elkaar als dat nodig is!

1. Guten Tag! Wie geht's dir?
2. Ich war voriges Jahr in Österreich.
3. Mein Bruder hat die Nachricht empfangen.
4. Sie hat die Datei gesichert.
5. Morgen wird es regnen.
6. Die monatlichen Gebühren sind etwa dreißig Euro.

10

10.1 Lesen

A2

Welke risico's kunnen de social media hebben? **Lees** de tekst *Risiken im Umgang mit Social Media* in het ▶Textbuch, bron 10. **Beantwoord** de vragen.

1. Welk risico vind jij geen risico? **Schrijf** het nummer van het risico op. **Leg** je antwoord uit.

____

2. Welk risico vind jij ook een risico? **Schrijf** het nummer van het risico op. **Leg** je antwoord uit.

____

3. Vind jij dat er nog een ander risico is dat in de tekst niet genoemd is? Zo ja, **schrijf** dat hier op.

____

10.2 Wörterliste B

a De volgende woorden hebben ook te maken met computers en telefoons. **Lees** de woorden een keer goed door.

	DER-woorden
de gebruikersnaam	der Benutzername
	DIE-woorden
het bestand	die Datei
de e-mail	die E-Mail
het merk, de merken	die Marke, **die** Marken
het bericht, de berichten	die Nachricht, **die** Nachrichten
het nummer	die Nummer
de online rekening	die Online-Rechnung
	DAS-woorden
het wachtwoord	das Kennwort

© Noordhoff Uitgevers

	OVERIGE WOORDEN
opladen	aufladen
bewerken	bearbeiten
invoeren	eingeben
ontvangen	empfangen
mogelijk maken	ermöglichen
fotograferen	fotografieren
downloaden	herunterladen
beveiligen	sichern
sms'en	simsen
opslaan	speichern
versturen	verschicken
draadloos	schnurlos
verslaafd	süchtig
op het internet	im Internet

b Maak de zin compleet met een werkwoord. **Gebruik** in elke zin een ander werkwoord.

1. Daten, die du nicht mehr brauchst, kannst du am besten ________________.
2. Ein Foto, auf dem dich etwas stört, kannst du ________________________________.
3. Einen Film oder Musik darfst du nicht illegal ________________________________.
4. Eine Nachricht kannst du ____________________________ oder ____________________________.
5. Eine Batterie, die leer ist, musst du ________________________________.
6. Eine Datei kannst du auf der Festplatte ________________________________.
7. Einen Computer solltest du unter anderem mit einer Firewall ____________________________.
8. Oft musst du zuerst ein Passwort und einen Benutzernamen ____________________________.

c Leer nu de woorden Nederlands-Duits en Duits-Nederlands. Je kunt de woorden ook oefenen op de ▸**Site**.

11 11.1 Lesen

✪A2

Wat is voor jongeren in Oostenrijk belangrijk? **Lees** de tekst *Was ist der österreichischen Jugend wichtig?* in het ▸**Textbuch, bron 11**. **Kruis** steeds het juiste antwoord aan.

1. Welke uitspraak klopt? De Oostenrijkse jeugd
   - O A is de hele dag online.
   - O B kan niet meer leven zonder internet.
   - O C kijkt geen televisie meer.
2. Welke uitspraak klopt?
   - O A De Oostenrijkse jeugd vindt een eigen gezin belangrijk.
   - O B De Oostenrijkse jeugd vindt een eigen gezin en een carrière even belangrijk.
   - O C Een derde van de Oostenrijkse jeugd wil een baan in de IT-sector.
3. De Oostenrijkse jeugd vindt politici
   - O A heel belangrijk.
   - O B niet zo belangrijk.
   - O C helemaal niet belangrijk.

oordhoff Uitgevers bv

11.2 Hören

A2

Angela's ouders zijn gescheiden. Angela's moeder vindt, dat ze lang genoeg alleen is geweest en is online gaan daten. Gisteravond had ze met haar date de eerste afspraak in de stad. Angela wil horen hoe het was. **Luister** op de ▸**Site** naar *Das darf doch wohl...* **Kruis** steeds aan of de zin *richtig* of *falsch* is.

r	f	
○	○	1. Angela's moeder vindt de site van *CelibBerlin* onduidelijk en rommelig.
○	○	2. Vrouwen betalen niets voor het lidmaatschap.
○	○	3. De online gesprekken met Boris waren te gek.
○	○	4. Angela's moeder vond Boris er op de foto's aantrekkelijk uitzien.
○	○	5. Moeder en dochter vinden het vreemd om met iemand af te spreken die je nog nooit hebt gezien.
○	○	6. Angela's moeder en Boris ontmoeten elkaar voor de schouwburg.
○	○	7. Als Angela's vader de trap af komt, weet Angela meteen wat er aan de hand is.
○	○	8. Angela is erg verbaasd.

12

12.1 Sprechen

a Bekijk de tekening in het ▸**Textbuch, bron 12**. **Zoek** daarop vijf dingen die je in het echt nooit ziet. **Vertel** hierover in het Nederlands aan je buurman/buurvrouw.

b Zoek in de tekening naar antwoorden op de volgende vragen en **vertel** ze in het Duits aan je buurman/buurvrouw. **Wissel** na elke vraag van rol. **Controleer** elkaars antwoorden.

1. Was macht die Lehrerin?
2. Warum trägt ein Junge einen Kopfhörer, denkst du?
3. Warum benutzen zwei Jungen ihre Handys, denkst du?
4. Welche Schüler arbeiten an ihren Hausaufgaben?

© Noordhoff Uitgevers

c **Vul** in de puzzel woorden in die je op de tekening ziet. De eerste en de laatste letter zijn gegeven. Alle woorden hebben met computers, telefoons en dergelijke te maken.

d De letters in de omrande hokjes van opdracht **c** vormen een woord. **Schrijf** dat woord op en **vertaal** het.

__________________________ __________________________

13

13.1 Plauderecke A

a **Luister** op de **▸Site** naar *Plauderecke A*. **Lees** mee in het **▸Textbuch, bron 13**.

b **Lees** *Plauderecke A* in het **▸Textbuch, bron 13** nog een keer goed door.

c **Werk** in tweetallen. Jij **vertaalt** de vragen in het Duits en een klasgenoot **geeft** antwoord. **Wissel** daarna van rol.

1. Van wat soort games houd je?
2. Ben jij acht uur per dag online?
3. Hoe duur is jouw (*dein*) abonnement?
4. Staat jouw rooster in jouw telefoon?
5. Verstuur jij foto's met jouw telefoon?
6. Hebben jouw ouders een laptop of een tablet?

d **Leer** nu *Plauderecke A.*

14

14.1 Aussprache

a Eva en haar vader spelen altijd met hun telefoon. Eva's moeder wordt er gek van. **Lees** het gesprek *Aber mein Handy liegt…* in het **▸Textbuch, bron 14** met een klasgenoot. **Verdeel** de rollen. **Let** op de uitspraak. **Wissel** van rol.

b **Voer** het volgende gesprek met een klasgenoot. **Vertaal** de schuingedrukte zinnen / woorden in het Duits. **Verdeel** de rollen. **Let** op de uitspraak.

Du	Dein(e) Nachbar(in)
Was machst du?	*Ik stuur foto's en berichtjes.*
Naar vrienden?	*Precies.*
Benutzt du dein Handy für die Schule?	Ja, klar. *Mijn lesrooster staat erop*. Und meine Noten.
Kannst du meine Mutter *opbellen?*	Wieso? *Waar is jouw telefoon?*
Ik heb mijn telefoon zu Hause liegen lassen.	*Heb je haar nummer?*
Nee, dat (die) *staat in mijn telefoon.*	*Moment. Ik heb het nummer.* Bitte.
Danke. Hallo, Mama. Ich bin's.	

ordhoff Uitgevers bv

14.2 Hören

Oma heeft sinds kort een nieuwe telefoon. Na drie dagen werkt hij niet meer. Zij gaat naar de klantenservice van 'Saturn'. **Luister** op de ▸**Site** naar *Telefon kaputt!* **Beantwoord** de vragen in het Nederlands.

1. Welk probleem heeft oma met haar telefoon? ________________________
2. Van wie heeft oma de telefoon gekregen? ________________________
3. Waarom duurt de reparatie acht weken?

   ____
4. Wat moet oma doen om de telefoon aan te zetten?

   ____

15

15.1 Plauderecke B

a **Luister** op de ▸**Site** naar *Plauderecke B*. **Lees** mee in het ▸**Textbuch, bron 15**.

b **Lees** *Plauderecke B* in het ▸**Textbuch, bron 15** nog een keer goed door.

c **Werk** in tweetallen. A **stelt** een vraag met de steekwoorden en B **geeft** antwoord met het steekwoord / de steekwoorden. **Wissel** daarna van rol. **Lees** eerst de tip.

TIPP

Laatste kolom *Plauderecke*
Bij het stellen van de vragen moet je soms ook woorden / zinnen uit de laatste kolom van de *Plauderecke* gebruiken.

Voorbeeld:

Nützlich? Sind Apps nützlich?

Schüler A	Schüler B
findest – Twitter	informiert
heißt – Schnappi	Facebook – Lolle
postest – oft	hängt davon ab
kaufst – Apps	nützlich
hast – Facebook	gehackt
benutzt – YouTube	Filme

d **Leer** nu *Plauderecke B*.

15.2 Examentraining

a **Lees** de informatie over open vragen.

Open vragen beantwoorden
Het allerbelangrijkste bij het beantwoorden van open vragen is dat je de vraag goed leest. Als je niet weet wat er precies gevraagd wordt, kun je ook nooit het juiste antwoord geven. Als de vraag is: 'Hoeveel redenen worden er genoemd?' dan moet je een getal opschrijven en niet al die redenen zelf!

© Noordhoff Uitgevers

b Lees de tekst *Im Vorgarten von Thessa* en **beantwoord** de vragen.

Im Vorgarten von Thessa

[1] In einer kleinen Seitenstraße in dem Stadtteil Hamburg-Bramfeld bei Hamburg arbeitet ein Bewohner in seinem Vorgarten. Der Mann weiß nicht, dass seine Nachbarin Thessa bei Facebook ihren 16. Geburtstag gepostet hat. Sie hat aber versäumt, die Veranstaltung als privat zu kennzeichnen. Jeder konnte ihre Adresse lesen. Jetzt sollen viel mehr Teenies kommen, als erwartet.

[2] Eine Stunde später stehen mehrere hundert Teenager in seinem Vorgarten und anderen Gärten. Überall Jugendliche. Und es werden immer mehr. Die Polizei muss die Straße für den Verkehr sperren. Um 20:00 Uhr stehen rund 400 Leute vor Thessas Hauseinfahrt und rufen ihren Namen. Polizisten mit Schäferhunden versperren die Auffahrt zum Haus. Die Feier ist längst abgesagt. Doch das spielt keine Rolle mehr.

[3] Am Montag hatte Thessa bei Facebook ihre Geburtstagseinladung gepostet – aus Versehen 'öffentlich', für alle einsehbar. 15.000 Menschen aus ganz Deutschland hatten bei Facebook ihr Kommen angekündigt. Als Thessa ihren Fehler bemerkte, löschte sie ihr Profil. Aber in Blogs und auf Internetseiten wurde dazu aufgerufen, die Party zu besuchen.

[4] Am Hamburger Hauptbahnhof oder am Busbahnhof haben sich Teenager verabredet, um gemeinsam nach Bramfeld zu fahren. Nicht alle passen in die Busse. Viele Kids tragen Geburtstagshütchen, 'I love Thessa'-T-Shirts oder Buttons. Einige haben sich Thessas Namen ins Gesicht geschrieben.

[5] TV-Teams holen sich angetrunkene Teenager vor die Kameras. Ein paar Jungs tragen 5-Liter-Fässer Bier auf den Schultern heran. 'Happy Birthday', singen hunderte Teenies im Chor, und: 'Wir wollen Thessa sehen'. Dabei kennt hier wohl kaum einer das Mädchen persönlich. Was zählt, ist die Party.

[6] Einige Nachbarn stehen vor ihren Einfahrten – teils aus Neugier, teils aus Angst um ihre Blumen. 'Das Auto haben wir ein paar Straßen weiter geparkt', erzählt eine Anwohnerin. Ein anderer Nachbar fotografiert aus dem Fenster im zweiten Stock. Langsam haben die Nachbarn genug von der Party. Gegen 21:00 Uhr spricht die Polizei von 1.600 Jugendlichen. Sie klettern auf Bäume, feiern auf Garagen und in Blumenbeeten. Später wird es unschön. Bierflaschen fliegen durch die Luft, Mülltonnen werden angezündet, Autos werden demoliert. Elf Personen werden festgenommen.

[7] Gegen halb zehn gehen die ersten Partymuffel nach Hause. Nur auf der Straße stehen, Alkopops trinken und 'Thessa' schreien wird auf Dauer langweilig. Andere beschweren sich, dass Thessa sich nicht blicken lässt. Sie soll verreist sein, bei Oma und Opa.

Nach: www.stern.de

1. In alinea 2 is te lezen dat de politieagenten twee keer in actie zijn gekomen. Wat hebben zij gedaan?

____

2. Waaruit blijkt volgens alinea 4 dat de jongeren op weg zijn naar een verjaardagsfeest?

____

3. Om welke twee redenen staan de buren volgens alinea 6 buiten?

____

Noordhoff Uitgevers bv

4. In alinea 6 staat: 'Später wird es unschön'. Wat gebeurt er? **Noem** twee voorbeelden.

5. Wat wordt volgens alinea 7 op den duur vervelend? **Noem** twee dingen.

15.3 Sprechen

Kijk nog eens naar de tekening in het **▸Textbuch, bron 12**. Je ziet in het computerlokaal twee leerlingen met elkaar praten (gesprek 1). Ze hebben allebei een mobieltje. Je ziet ook een lerares die met een leerling praat (gesprek 2). **Speel** één van die gesprekken met je buurman/buurvrouw. Het begin en einde is gegeven. **Bedenk** zelf minstens twee zinnen **Gebruik** *Plauderecke A* en *Plauderecke B*.

Gesprek 1

Du	Dein(e) Nachbar(in)
Hast du ein Facebook-Account?	Ja, so was finde ich toll.
...	...
Und wofür benutzt du Facebook?	Ich chatte mit meinen Freunden.

Gesprek 2

Du	Dein(e) Nachbar(in)
Wie teuer war dein Handy?	Etwa 300 Euro, glaube ich.
...	...
Kaufst du oft Apps?	Nein. Es gibt ja kostenlose Apps.

15.4 Grammatik: het voltooid deelwoord van sterke werkwoorden

a Lees de volgende informatie.

Net als in het Nederlands heb je in het Duits werkwoorden waarvan het voltooid deelwoord op 'en' eindigt. Zulke werkwoorden noem je sterke werkwoorden. Bij deze werkwoorden verandert in de verleden tijd ook de stamklinker, bijvoorbeeld: val – viel – gevallen. Gelukkig zijn in het Nederlands en het Duits vaak dezelfde werkwoorden sterk!

Ik ben gevallen.	Ich bin gefallen.
Wij zijn gekomen.	Wir sind gekommen

Als in het Nederlands het voltooid deelwoord op 'en' eindigt, dan eindigt het in het Duits dus meestal ook op 'en'.

De volgende voltooid deelwoorden heb je al eens geleerd.

Ik ben in Salzburg geweest.	Ich bin in Salzburg gewesen.
Ik heb de griep gehad.	Ich habe die Grippe gehabt.
Hij is verkoper geworden.	Er ist Verkäufer geworden.

© Noordhoff Uitgevers

b De voltooid deelwoorden van de volgende sterke werkwoorden moet je leren. **Luister** op de **▸Site** naar *Starke Verben 1* en **spreek** de werkwoorden na.

Nederlands	Duits	voltooid deelwoord
blijven	bleiben	er ist geblieben
doen	tun	er hat getan
drinken	trinken	er hat getrunken
eten	essen	er hat gegessen
gaan	gehen	er ist gegangen
geven	geben	er hat gegeben
lezen	lesen	er hat gelesen
houden, stoppen	halten	er hat gehalten
komen	kommen	er ist gekommen
nemen	nehmen	er hat genommen
rijden, varen	fahren	er ist gefahren
roepen	rufen	er hat gerufen
schrijven	schreiben	er hat geschrieben
slapen	schlafen	er hat geschlafen
staan	stehen	er hat gestanden
vergeten	vergessen	er hat vergessen
vinden	finden	er hat gefunden
zien	sehen	er hat gesehen
zingen	singen	er hat gesungen
zwemmen	schwimmen	er ist geschwommen

c Christian schrijft een bericht aan Heike. **Vertaal** de voltooid deelwoord tussen haakjes.

Was ich dieses Wochenende **(1)** (gedaan) ____________________ habe? Am Samstag bin ich nach Linz **(2)** (gereden) ____________________. Da bin mit meinem Freund Tom **(3)** (gezwommen) ____________________. Danach haben wir beim Imbiss eine Wurst **(4)** (gegeten) ____________________ und eine Cola **(5)** (gedronken) ____________________. Danach sind wir nach Hause **(6)** (gegaan) ____________________. Wir sind dann bei Tom **(7)** (gebleven) ____________________. Wir haben zusammen einen Film **(8)** (gezien) ____________________. Dann sollte ich eigentlich nach Hause gehen, es war schon 22:00 Uhr. Ich habe aber meine Mutter angerufen und ich habe sie gefragt, ob ich bleiben durfte. Ich durfte bleiben! Und ich habe natürlich auch dort **(9)** (geslapen) ____________________. Ich habe meiner Mutter eine Nachricht **(10)** (geschreven) ____________________, ob sie mir meine Zahnbürste bringen könnte. Toms Mutter hat nach einer Zahnbürste gesucht und letztendlich auch eine **(11)** (gevonden) ____________________. Sie hat mir dann die Zahnbürste **(12)** (gegeven) ____________________. Im Bett haben wir dann noch einige Karaoke-Songs **(13)** (gezongen) ____________________. Das war lustig! Toms Vater hat dann **(14)** (geroepen) ____________________, ob es nicht etwas leiser sein könnte.

Am Sonntag sind wir erst um zehn **(15)** (opgestaan) *auf* ____________________. Zum Frühstück haben Tom und ich Kuchen und Schokolade **(16)** (genomen) ____________________. Mein Vater ist dann **(17)** (gekomen) ____________________ und hat mich abgeholt. Die Zahnbürste habe ich behalten. Zu Hause habe ich ein Buch **(18)** (gelezen) ____________________. Am Montag schreiben wir darüber eine Arbeit…

16.1 Blog

a Frank heeft een blog. Hij schrijft elke week een stukje over zijn leven. **Lees** het *Blog* in het **▸Textbuch, bron 16**. **Beantwoord** de vragen in het Nederlands.

1. Hoe lang had Frank een vriendin?

2. Waarom is het uitgegaan?

3. Wat wil Frank van zijn lezers weten?

b **Vertaal** de volgende zinnen in het Duits. De zinnen staan niet letterlijk in het blog.

1. Helaas heeft onze liefde niet langer geduurd.

2. Ik vond het prima, dat (*dass*) we de hele tijd contact met elkaar hadden.

3. Ik meld me later weer.

4. Een paar dagen later heb je mijn blog gelezen.

5. Is het normaal, dat (*dass*) ik het heb uitgemaakt (= uitgemaakt heb)?

6. Ik wil graag weten, wat jullie daarvan vinden.

☆ 16.2 Rätsel

Welke woorden staan er op de usb-sticks? **Schrijf** de woorden op en **vertaal** ze.

© Noordhoff Uitgevers

17 17.1 Schreibecke

✪A2

a **Lees** de *Schreibecke* in het ▸**Textbuch, bron 17** goed door.

b Stel je voor, jij leest Franks blog en je wilt reageren. **Schrijf** die reactie. **Gebruik** de *Schreibecke* en de *Blog* in het ▸**Textbuch, bron 16**. **Schrijf** in je reactie het volgende:

- begin met een aanhef;
- schrijf: Ik ben het met je eens;
- schrijf: Ik vond het al raar, dat jullie de hele tijd online contact hadden;
- schrijf: Als ik met mijn vrienden ben, zet ik mijn telefoon uit;
- schrijf: Ik vind niet, dat je meteen op elk bericht moet reageren (= reageren moet);
- schrijf: Ik kan begrijpen, dat je het hebt uitgemaakt (= uitgemaakt hebt);
- schrijf: Ik reageer meestal pas (*meistens erst*) na een uur op een bericht;
- sluit je reactie af met een groet en je naam.

c **Schrijf** in maximaal twee zinnen in het Duits je eigen mening op Franks blog.

d **Leer** nu de *Schreibecke*.

17.2 Plauderecke A und B

✪A2

Werk in tweetallen. **Voer** het gesprek met een klasgenoot. **Verdeel** de rollen.
Wissel daarna van rol.

Du	Dein(e) Nachbar(in)
Heb jij thuis een tablet-pc?	Nee, mijn vader heeft een tablet. Ik heb een laptop.
Waarvoor gebruik je de laptop?	Ik maak huiswerk en surf op het internet.
Ik ben acht uur per dag online. En jij?	Dat weet ik niet precies.
Wie betaalt het abonnement *für dein Handy?*	Ik. Ik heb een bijbaantje.
Post jij vaak een bericht op Facebook?	Ik gebruik Facebook zelden.
Ik kijk vaak filmpjes op YouTube. Jij ook?	Steeds vaker. Hoe vind jij Twitter?
Te gek. Daar word je snel geïnformeerd.	

☆ 17.3 Rätsel

Wat staat hier? Alleen de eerste en de laatste letters van elk woord staan op de juiste plek.
Schrijf de goede zinnen op.

1. Mniee Fueridnn hat kien Fceboaok mher.

   ____

2. Wir heban uns oilnne knneengleenrt.

   ____

3. Ich msus mien Tleeofn afadueln.

   ____

4. Wllsit du mir dien Pssroawt vrretaen?

   ____

5. Jdeen Tag lseen 1000 Mdhcäen mineen Bolg.

   ____

© Noordhoff Uitgevers

18 18.1 Landeskunde

a Hoe hebben de mensen vroeger zonder internet en smartphone gecommuniceerd? **Lees** de tekst *Geschichte der Kommunikation* in het ▸**Textbuch, bron 18**.
Vul de tabel verder in. **Begin** met het jaartal dat als eerste wordt genoemd. **Schrijf** onder elk jaar in het Duits een communicatiemiddel.

	1	2	3	4
Jahreszahl				
Kommunikationsmittel				

b Beantwoord de vragen in het Nederlands.

1. Wie heeft de telefoon op de markt gebracht? ______________________________
2. Welke twee kenmerken hadden de eerste mobieltjes?

____

3. Waarom hadden in het begin maar weinig mensen een mobiele telefoon?

____

18.2 Hören

✪A2

Je gaat luisteren naar een radioprogramma van de zender *Radio Regenbogen Mannheim*. Vandaag is professor Lange van de universiteit Erlangen uitgenodigd. Hij stelt zijn nieuwe boek voor.
Luister op de ▸**Site** naar *Interview mit Prof. Dr. Heinrich Lange* en **kruis** steeds het juiste antwoord aan.

Nena
De zangeres Nena had in de jaren tachtig van de vorige eeuw grote hits. Haar bekendste liedje is *99 Luftballons* uit 1984. Nena is één van de meest succesvolle Duitse artiesten.

1. Wat onderzoekt prof. dr. Lange?
   - O A de invloed van social media op het bedrijfsleven
   - O B de invloed van social media op jongeren
   - O C de invloed van social media op scholieren
2. Hoe lang houdt prof. dr. Lange zich al met het onderwerp 'social media' bezig?
   - O A 3 jaar
   - O B 5 jaar
   - O C 20 jaar
3. Welke verandering door sociale media vindt prof. dr. Lange interessant?
   - O A de verandering van de taal
   - O B de verandering van het leven op school
   - O C de verandering van relaties
4. Wat zegt prof. dr. Lange nog meer?
   - O A De jongeren praten beter Engels dan hun ouders.
   - O B De communicatie van de jongeren verandert.
   - O C Social media hebben invloed op de taal.

oordhoff Uitgevers bv

18.3 Grammatik: (*k*)*ein*, bezittelijk voornaamwoord en het sterke werkwoord

a Joshua und Rahid praten over hun computer. **Vul** in het gesprek de juiste bezittelijke voornaamwoorden in. **Let** op de goede naamval. **Kijk** nog eens goed naar het stappenplan bij opdracht **8.3d**, **►Arbeitsbuch, Seite 17**.

 **Joshua**	 **Rahid**
1. Wofür benutzt du (jouw) ________ Computer (m)?	2. Ich benutze (mijn) ________________ Computer vor allem für Computerspiele.
3. Was ist (jouw) ________________ Lieblingsspiel (o)?	4. (Mijn) _______ Lieblingsspiel ist *Need for Speed*.
5. (Mijn) ____________________ Computer ist kaputt. 6. Kannst du (mijn) __________ Computer reparieren?	7. Ich kann (geen) __________ Computer reparieren. 8. Ich frage meine Schwester. Tina, kannst du (zijn) _______________ Computer reparieren?
9. Danke deiner Schwester. Ich kann jetzt übrigens (geen) _____________ Hausaufgaben (mv) machen.	10. Da hast du aber Glück! Ähh, wenn du willst, kannst du (mijn) ___________ Laptop (m) leihen…

b Zet de zinnen in de voltooide tijd. Het begin van die zin staat er al.

Voorbeeld: Ich finde das Handy. Gestern habe ich das Handy gefunden.

1. Wir fahren nach Kitzbühel. In den Ferien ______________________________

____

2. Ich habe einen Unfall. Am Mittwoch ______________________________

____

3. Er geht zum Arzt. Am Nachmittag ______________________________

____

4. Mein Opa gibt schenkt mir einen Laptop. An meinem Geburtstag ______________

____

5. Ich vergesse meinen Benutzernamen. Vorgestern ______________________

____

© Noordhoff Uitgevers

6. Meine Oma trinkt Tee. Am Wochenende ____

    ____

7. Leonie schreibt eine E-Mail. Am Montag _______________________________________

    ____

8. Ich schlafe lange. Am Sonntag ____

    ____

9. Sie liest ein Buch. Im Sommer ____

    ____

10. Sie bleibt noch drei Tage in Villach. Im Herbst ___________________________________

    ____

18.4 Landeskunde

In dit hoofdstuk heb je veel geleerd over media in Duitsland en Oostenrijk. In de volgende opdracht ga je daarmee aan de slag. **Kleur** de eerste zin in de linkerkolom. **Geef** een woord uit de kolom *Antwort* dat bij die zin past dezelfde kleur. **Gebruik** voor elke nieuwe zin (en het antwoord dat daarbij hoort) een andere kleur.

Satz	Antwort
In deze stad staat het *Computerspielemuseum*.	Silbermond
Deze persoon vond de eerste telefoon uit.	Konrad Zuse
Dat is een bekend Zwitsers horlogemerk.	Philip Reis
Dat is de naam van een bekende Duitse popgroep.	99 Luftballons
Deze persoon heeft de computer uitgevonden.	Berlin
Dat is de grootse hit van de zangeres Nena.	Swatch

oordhoff Uitgevers bv

Portfolio

A1 / A2

Stel je voor: je wilt meedoen aan de voorronde van *Deutschland sucht den Superstar*. Het enige dat je ervoor nodig hebt, is een filmpje met een Duits liedje.

Als je deze opdracht gemaakt hebt, dan kun je:

A1 Sprechen een kort, eenvoudig, vooraf ingeoefend praatje houden voor een groep.

a Je gaat een filmpje met een Duits liedje opnemen! Hoe ga je dat doen?

- **Zoek** in het tekstboek van *TrabiTour* een leuk liedje;
- **Zoek** het liedje op YouTube en bekijk het; misschien wil jij je op dezelfde manier gaan kleden als de zanger of zangeres van wie je een liedje gaat opnemen?;
- **Zing** het liedje en **neem** het op of **speel** het zelf. (Je kunt de karaokeversie van een liedje uit *TrabiTour* gebruiken. Die versie staat op de **>Site**);
- **Zet** het liedje op YouTube.

Voordat je gaat zingen, **presenteer** je jezelf. Je gaat in het Duits **vertellen:**

- hoe je heet;
- wie je favoriete zanger, zangeres of band is;
- van welke ster je een liedje gaat zingen;
- waarom je dit liedje hebt uitgekozen.

b **Kies** nu één persoon uit jouw klas om zijn / haar filmpje te beoordelen. Wat vind jij van het liedje dat hij / zij heeft gezongen??

- Name Schüler / Schülerin: ______________________________
- Lied: ______________________________
- Meine Meinung: Ich finde das Lied ______________________________.

Document voor het portfolio:
- link naar het filmpje op YouTube

© Noordhoff Uitgevers

Op de ▸Site www.trabitour.noordhoff.nl vind je:

- een handig programma om woordjes mee te oefenen
- een handig programma om alle grammatica te oefenen
- filmpjes om je kijk- en luistervaardigheid te trainen
- leuke webquests
- *Wimmelbilder:* zoekplaten waarmee je ook Duits leert
- een oefentoets
- alle luistervaardigheid en de *Lieder* met een karaokeversie
- oefeningen met de *Plauderecke* en de *Schreibecke*

Op naar de toets!

Wat moet je kennen en kunnen voor de toets over *Kapitel* 13?

- O *Lernecke* **▸Textbuch**
- O *Plauderecke A* en *Plauderecke B* **▸Textbuch, bron 13** en **15**
- O *Schreibecke* **▸Textbuch, bron 17**

Er worden ook vragen gesteld over de *Landeskunde* van dit hoofdstuk. Leer opdracht **18.4**. Er zitten ook een lees- en een luisteropdracht in de toets. Hiervoor kun je niets voorbereiden.

oordhoff Uitgevers bv

14 Ausbildung und Arbeitsplatz

Als je alles in dit hoofdstuk gedaan hebt, kun je:
- begrijpen wat jongeren vertellen over hun plannen voor de toekomst;
- teksten begrijpen over beroepskeuze en bijzondere beroepen;
- zeggen wat je na het vmbo gaat doen;
- informatie begrijpen die op een banenbeurs wordt omgeroepen;
- zeggen en schrijven wat je sterke en zwakke kanten zijn;
- ... nog veel meer!

Einleitung: Landeskunde

a **Lees** de inleiding en **bekijk** de grote foto in het **▸Textbuch**. Die is genomen in één van de fabrieken van Volkswagen, het grootste Duitse bedrijf. **Bekijk** de namen van acht bedrijven uit de top 20 van grootste bedrijven in Duitsland. **Trek** een lijntje tussen de naam van het bedrijf en het soort bedrijf.

1. Volkswagen	Luftfahrtunternehmen
2. Siemens	Automobilhersteller (BMW, Rolls-Royce)
3. Lufthansa	Eisenbahninfrastrukturunternehmen
4. Deutsche Telekom	Technologiekonzern
5. BMW	chemische und pharmazeutische Industrie
6. Deutsche Post	Automobilhersteller (Volkswagen, Audi)
7. Bayer AG	Telekommunikationsunternehmen
8. Deutsche Bahn	Postunternehmen

b **Maak** van de letters van het woord *Eisenbahninfrastrukturunternehmen* zoveel mogelijk verschillende Duitse woorden. Je hebt hiervoor twee minuten.

____

____

____

____

© Noordhoff Uitgevers

1 1.1 Landeskunde

Bekijk de foto van de leerling van een *Berufsschule* in het ▸**Textbuch, bron 1** en **lees** wat Mike over zijn nichtje Paula vertelt. **Schrijf** in de samenvatting de ontbrekende woorden.

Meine Cousine Paula geht in eine Berufsschule. Sie möchte Bäckerin werden. Die Ausbildungszeit beträgt drei Jahre. Paula hat acht bis zwölf Stunden Unterricht pro Woche und geht nicht jeden Tag in die Schule. Sie lernt nämlich hauptsächlich in einer Bäckerei. Hier lernt sie unter anderem, wie man Weizenbrot und Backwarensnacks herstellt. Die Ausbildung wird mit einer Prüfung beendet. In etwa zehn Jahren möchte Paula eine eigene Bäckerei haben.

Paula wil over **(1)** ______________________ een eigen bakkerij hebben. Daarom volgt ze nu een **(2)** ____________jarige **(3)** ______________________ aan een vakschool. Ze heeft acht tot twaalf uur per les. In een **(4)** ________________ leert ze onder andere hoe je een **(5)** ____________brood moet bakken.

2 2.1 Landeskunde

Bekijk de foto van het vreemde huis in het ▸**Textbuch, bron 2** en **lees** wat Anna hierover vertelt. **Beantwoord** de vragen in het Nederlands.

Trassenheide befindet sich auf der Insel Usedom, in der Ostsee. Hier steht ein sehr seltsames Haus: ein auf dem Kopf stehendes Haus, das auch ein bisschen schief ist. Ich war vor kurzem auf Usedom und habe das Haus besucht. Das war echt super! Alles in diesem Haus hat man verkehrt herum installiert. Ich denke, dass es für die Bauarbeiter schön war, dieses Haus zu bauen, aber auch komisch. Eine Toilette so montieren, dass man nie drauf sitzen kann! Übrigens: Im Haus ist kein Wasseranschluss. Hört sich logisch an!

1. Wat is er zo vreemd aan het huis? **Noem** twee dingen.

   ____

2. Anna zegt, dat het logisch is, dat er in dit huis geen wateraansluiting is. Ben je het met haar eens?

   Leg je antwoord uit. ____

3 3.1 Landeskunde

a **Bekijk** de foto van de *Feuerwehrmänner* in het ▸**Textbuch, bron 3** en **lees** wat Yusuf vertelt. **Beantwoord** de vragen. **Gebruik** een woordenboek.

Der Beruf mit dem höchsten Ansehen? Feuerwehrmann! Seit 2007 steht dieser Beruf auf dem Spitzenplatz in einer Rangliste. 95% der Bundesbürger schätzen diesen Beruf am meisten. Andere angesehene Berufe: Kranken-und Altenpfleger und Kita-und Kindergartenmitarbeiter.
Und die unbeliebtesten Berufe? Unter anderem Versicherungsvertreter, Politiker und Fernfahrer. Diese Berufe möchten viele Deutsche nicht ausüben.

oordhoff Uitgevers bv

1. Wat zijn populaire beroepen? **Schrijf** er drie op.

____

2. Wat zijn geen populaire beroepen? **Schrijf** er twee op.

____

b Maak nu in het Duits een top 3 van beroepen die jij leuk vindt.

____

3.2 Wörter

Het vetgedrukte woord is fout. **Vervang** het door een woord uit de rechterkolom en **vertaal** dat in het Duits. **Schrijf** je antwoorden in de tabel.

1. Was ist dein **Klingelton** auf Facebook?
2. Ich habe dir eine **Taste** geschickt.
3. Ich finde die Fotos doof. Ich werde sie **speichern**.
4. Ich muss die Fotos noch **ermöglichen**.
5. Paul ist immer online. Er ist **schnurlos**.
6. Hilfe! Meine **Funktion** ist alle.
7. Hast du zu Hause einen **Bildschirm**?
8. Ich habe deine Nachricht nicht **aufgeladen**.

A batterij
B verwijderen
C printer
D wachtwoord
E bericht
F ontvangen
G verslaafd
H bewerken

	Letter	**Vertaling**
1.		
2.		
3.		
4.		
5.		
6.		
7.		
8.		

3.3 Sprechen

Werk in tweetallen. Jij **stelt** de vragen en een klasgenoot **beantwoordt** ze. **Let** op: de werkwoorden tussen haakjes zijn nog niet vervoegd.

1. Wie viel Stunden pro Tag (sein) du online?
2. Wer (bezahlen) deinen Vertrag?
3. Wie teuer (sein) dein Handy?
4. Wie (finden) du Twitter?
5. (Haben) du ein Facebook-Account?
6. (Posten) du oft Nachrichten auf Facebook?
7. (Benutzen) du YouTube?
8. (Gucken) du dir 'Sendung verpasst' an?

© Noordhoff Uitgevers

3.4 Wörterliste A

a De volgende woorden hebben met studie en beroep te maken. **Lees** de woorden een keer goed door.

	DER-woorden
het beroep, de beroepen de detailhandel	der Beruf, **die** Berufe der Einzelhandel
	DIE-woorden
het werk de werkgelegenheid de opleiding het advies de beroepsopleiding de kans de ervaring de industrie de landbouw de MBO-school de praktijk de economie de toekomst	die Arbeit die Arbeitsmöglichkeit die Ausbildung die Beratung die Berufsausbildung die Chance die Erfahrung die Industrie die Landwirtschaft die Fachoberschule die Praxis die Wirtschaft die Zukunft
	DAS-woorden
het diploma de stage de vacature het sollicitatiegesprek	das Diplom das Praktikum das Stellenangebot das Vorstellungsgespräch
	OVERIGE WOORDEN
vereist stage lopen solliciteren kiezen	erforderlich ein Praktikum machen sich bewerben wählen

b Vertaal de woorden tussen haakjes in het Duits.

1. Ist Erfahrung in diesem Beruf *(vereist)* ____________________?
2. *(De opleiding)* ____________________ dauert drei Jahre.
3. Hast du dieses *(vacature)* ____________________ schon gelesen?
4. Theorie und *(praktijk)* ____________________ sind beide wichtig.
5. *(Het sollicitatiegesprek)* ____________________ dauert eine halbe Stunde.
6. Wann gehst du in die *(MBO-school)* ____________________?
7. Arbeitest du lieber in der *(industrie)* ____________________
   oder in der *(landbouw)* ____________________?
8. *(De kans)* ____________________ auf einen Job ist nicht so groß.

c Leer nu de woorden Nederlands-Duits en Duits-Nederlands. Je kunt de woorden ook oefenen op de ▸**Site**.

ɔordhoff Uitgevers bv

4 4.1 Hören

✪A2

Rolf heeft zijn baan opgezegd. Daar wordt verschillend op gereageerd. **Luister** op de ▶**Site** naar *Verrückt nach Autos* en **lees** mee in het ▶**Textbuch, bron 4**. **Streep** het foute antwoord door.

1. Rolf werkte **in een garage / als autodealer**.
2. Rolf vond zijn werk **niet zo leuk / afschuwelijk**.
3. Rolf **wil gaan solliciteren / heeft gesolliciteerd** bij 'Grandhotel'.
4. Een *Chauffeur* is **een / geen** taxichauffeur.
5. Rolfs vader was **langgeleden / kortgeleden** ook *Chauffeur*.

4.2 Wörter

Schrijf in elke zin het ontbrekende beroep (m/v). **Gebruik** een woordenboek. **Lees** eerst de volgende informatie.

Beroepen m/v

Het belangrijkste beroep in Duitsland? *Bundeskanzler*, de *Chef* van de regering. Of, als het om een vrouw gaat, de *Bundeskanzlerin* of de *Chefin* van de regering. Zoals je ziet, maak je het 'vrouwenberoep' door de letters **in** achter het 'mannenberoep' te schrijven. Om aan te geven dat je beide beroepen met één woord bedoelt, schrijf je de 'i' met een hoofletter. Dus *ChefIn* en *BundeskanzlerIn*.

1. Mein Vater verkauft Fleisch und Wurst. Er ist ______________________________.
2. Meine Oma arbeitet in einer Schule. Sie ist ______________________________.
3. Meine Tante verkauft Torten und Kuchen. Sie ist ______________________________.
4. Mein Vater arbeitet mit Blumen und Pflanzen. Er ist ______________________________.
5. Meine Cousine arbeitet in einer Apotheke. Sie ist ______________________________.
6. Mein Opa arbeitet in der Küche in einem Restaurant. Er ist______________________________.

© Noordhoff Uitgevers

7. Mein Nachbar arbeitet bei der Polizei. Er ist ______________________________.

8. Meine Nachbarin arbeitet in einem Labor. Sie ist ______________________________.

5

5.1 Berlin Story

A2

Vandaag heeft Marcel weer met Ilse afgesproken. **Kijk** op de ►**Site** naar *Berlin Story* en **schrijf** in elke zin het ontbrekende woord of getal.

1. Het is ______________ uur en Ilse is klaar met haar werk.
2. De *Berlin-Story-Shop* bestaat uit twee winkels: een souvenirwinkel en een ________________________.
3. Ilse vraagt aan Marcel, of hij nog even wil ________________________.
4. Het ________________ *Ampelmännchen* bevalt Marcel iets beter dan het ________________.
5. In de DDR stond het *Ampelmännchen* op ______________________________.
6. Een ________________________ vond het *Ampelmännchen* cool en begon allerlei producten te maken.
7. In de *Berlin-Story-Shop* is veel te zien over de ________________________ van Berlijn, onder andere over de Tweede Wereldoorlog.
8. De *Tiergarten* is een groot ________________ in Berlijn.
9. In de *Tiergarten* vertelt Ilse dat ze ________________ is.
10. Marcel heeft het aflopen jaar wel ________________ keer geprobeerd om Ilse hetzelfde te laten weten.

5.2 Grammatik

In de volgende opdrachten herhaal je de grammatica. Weet je niet meer precies hoe het moet? **Kijk** dan in het ►**Textbuch, grammaticaoverzicht**.

a **Schrijf** het voltooid deelwoord op van het werkwoord tussen haakjes.

1. Ich habe mit meinen Kollegen noch etwas (trinken) ____________________.
2. Sylvie hat einen neuen Job (finden) ____________________.
3. Im Supermarkt habe ich eine Stelle (sehen) ____________________.
4. Am Montag bin ich zum Vorstellungsgespräch (gehen) ____________________.
5. Tanja hat alle Infos über die Berufsausbildung (lesen) ____________________.
6. Der Chef hat auf dem Fest (singen) ____________________.
7. Sem hat einen Bewerbungsbrief (schreiben) ____________________.
8. Lars und Timo sind im Freibad herrlich (schwimmen) ____________________.
9. Mein Vater hat etwas in der Industrie (tun) ____________________.
10. Wir sind nach Hamburg (fahren) ____________________.

Noordhoff Uitgevers bv

b Vul steeds de juiste vorm in van het werkwoord in de kantlijn.

können	1. ______________ du gut in einem Team arbeiten?
mögen	2. Der Junge ______________ seinen Job.
wollen	3. Ich ______________ eine Ausbildung in der Landwirtschaft machen.
wissen	4. ______________ ihr, wo ich mich bewerben kann?
dürfen	5. Anton ist erst 14 und ______________ noch nicht so viel arbeiten.
müssen	6. Meine Eltern ______________ viel Steuer zahlen.
dürfen	7. Ihr ______________ bei der Versammlung anwesend sein.
wissen	8. ______________ du, was du in der Zukunft machen willst?
wollen	9. Laila ______________ Friseurin werden.
können	10. ______________ ich mit dieser Ausbildung auch Verkäuferin werden?

c Vertaal steeds de werkwoordsvorm in de kantlijn in het Duits.

mag	1. Tina ______________ bei Douglas ihr Praktikum machen.
moeten	2. Die Arbeitnehmer ______________ im Büro ihr Handy ausschalten.
weet	3. Er ______________ nicht, wo diese Taschen hergestellt werden.
vind leuk	4. ______________ du deine Kollegen?
kan	5. Ich ______________ sehr gut zeichnen.
willen	6. Wir ______________ heute Abend in die Disko gehen.
weet	7. Olivia ______________, wann die Geschäfte geöffnet sind.
mogen	8. Ihr ______________ nicht zu spät kommen.
kan	9. Meine Mutter ______________ gut mit Menschen umgehen.
vindt leuk	10. Emir ______________ diesen Auftrag.

5.3 Hören

A2

a Fatiha gaat dit jaar eindexamen doen. Daarna wil ze een beroepsopleiding volgen, maar ze weet nog niet precies welke. In een telefoongesprek vraagt ze om advies. **Luister** op de **▸Site** naar *Berufsberatung???* en **vul** de gegevens van Fatiha in. **Lees** eerst de informatie in het kader.

Gesamtschule / Notendurchschnitt

Een *Gesamtschule* kun je met een scholengemeenschap vergelijken: er zijn vmbo-, havo- en vwo-leerlingen. Een *Notendurchschnitt* is het gemiddelde cijfer van alle cijfers op je rapport of examen. Voor bijna elke vervolgopleiding in Duitsland wordt een bepaald gemiddelde gevraagd.

Alter: ______________________

Schule: Kant ______________________

Notendurchschnitt: ______________________

© Noordhoff Uitgevers

b **Luister** op de ▸Site nog een keer naar *Berufsberatung???* en **beantwoord** de vragen in het Nederlands.

1. In welke klas zit Fatiha? ______
2. Wat wil Fatiha na haar examen gaan doen? ______
3. Wat wil mevrouw Schenk dat Fatiha na haar examen gaat doen?

______

4. Waarom wil Fatiha niet meer naar school?

______

5.4 Aussprache

a In de volgende opdracht ga je lastige woorden uitspreken. **Luister** op de ▸Site naar de woorden en **spreek** ze na.

1. das Diplom
2. der Plan
3. der Rat
4. der Auftrag
5. der Weg
6. privat
7. das Mal
8. der Spaß
9. der Tag
10. der Mond

b **Maak** tweetallen. **Lees** om de beurt een zin voor. **Let** op de uitspraak van de moeilijke woorden.

1. An einem schönen Tag im Juni hat mein Bruder sein Diplom bekommen.
2. Unser Plan ist am Wochenende ans Meer zu fahren.
3. Das wird sicher Spaß machen!
4. Ich habe meinen Chef um Rat gefragt.
5. Leonie hat einen tollen Auftrag bekommen.
6. Kennst du den Weg zur Eishalle?
7. Diese Bilder sind privat.
8. Der Mond scheint hell.

Noordhoff Uitgevers bv

6 6.1 Lied

a **Luister** op de ►Site naar het lied *Bruttosozialprodukt*. **Lees** de tekst mee in het ►Textbuch, bron 6.

b **Bekijk** de tekeningen. **Schrijf** onder elke tekening een zin uit het lied die er goed bij past.

1

____

____

2

____

____

3

____

____

4

____

____

c **Luister** nog een keer naar het lied en **zing** mee! Op de ►Site vind je ook een karaokeversie!

6.2 Wörter

Ken je de signaalwoorden nog? **Lees** de zin en **streep** het foute signaalwoord door.

1. Zuerst gehen wir in die Stadt und **danach / aber** besuchen wir deine Oma.
2. Paul kann uns nicht besuchen, **weil / und** er krank ist.
3. Ich habe keine Zeit und **also / außerdem** ist mein Fahrrad kaputt.
4. Ich komme, **als / wenn** ich bezahlt habe.
5. Er ist so dumm **als / wie** ein Esel.
6. Kommst du heute **oder / aber** morgen?

© Noordhoff Uitgevers

7. Das ist keine Aktentasche **sondern / aber** ein Koffer.
8. Der Zug hat Verspätung, ich komme **also / zum Beispiel** später.
9. Katja liegt im Bett, **denn / dadurch** sie ist krank.
10. **Ob / Oder** meine Eltern es kaufen? Ich weiß nicht.

6.3 Rätsel

Drie meiden vertellen wat ze willen worden en welke opleiding ze nu doen. **Lees** de volgende aanwijzingen. **Zoek** uit wie van welk beroep droomt en welke opleiding ze nu doet.

Name:	______	______	______
Ausbildung:	______	______	______
Traumberuf:	______	______	______

- Lina befindet sich in der Mitte.
- Sarah geht in die Hauptschule.
- Amelie befindet sich links von Lina.
- Das Mädchen rechts neben Lina möchte Künstlerin werden.
- Das Mädchen mit den langen blonden Haaren möchte Sekretärin werden.
- Das Mädchen, das Kauffrau werden möchte, macht eine Lehre.
- Die Kauffrau befindet sich links neben dem Mädchen, das in die Realschule geht.

7 7.1 Lesen

A2

a De tekst in het tekstboek gaat over bijzondere beroepen. Daarover gaat de volgende opdracht ook.

Verbind het beroep in het Nederlands met het beroep in het Duits. **Gebruik** een woordenboek.

poolonderzoeker	Minenentschärfer
iemand die mijnen onschadelijk maakt	Pyrotechniker
iemand die glazen ogen maakt	Fährmann
opzichter op een eiland	Glockengießer
veerman	Glasaugenhersteller
klokkengieter	Arktisforscher
expert op het gebied van vuurwerk	Inselwart

©Noordhoff Uitgevers bv

b **Lees** nu de tekst *Außergewöhnliche Berufe* in het **▸Textbuch, bron 7**. In de tekst staan op de plaats van de tussenkopjes getallen. Welke tussenkop hoort op plek 1? En welke op plek 2 en 3? **Vul** de antwoordkolom in.

A Bizarre Berufe an besonderen Orten
B Gefährliche außergewöhnliche Berufe
C Bizarre Berufe

A	
B	
C	

c **Beantwoord** de vragen in het Nederlands.

1. Wat doe je als je graag hoog in de lucht werkt? **Hint:** kijk in de zin die begint met *Wer gerne*.

____

2. Wat doet een *Glasaugenhersteller?* **Hint:** kijk in de zin die begint met *Er macht*.

____

3. Wat zijn je taken als je *Inselwart* bent? **Hint:** kijk in de zin die begint met *Da sitzt*.

____

7.2 Hören

A2

Gülay wil misschien nagelstyliste worden. Ze gaat daarom praten met Goldina, de nagelstyliste van haar moeder. **Luister** op de **▸Site** naar *Sind die Kurse eigentlich schwierig?* **Kruis** steeds het juiste antwoord aan.

1. Waar letten mensen volgens Goldina bij anderen het eerst op?
   - O A op de nagels
   - O B op de ogen
   - O C op de partner

2. Wat moet een nagelstyliste volgens Goldina in ieder geval zijn?
   - O A creatief en handig
   - O B creatief en hygiënisch
   - O C creatief en zorgvuldig
3. Wat krijgt de vrouw aan de telefoon van Goldina?
   - O A een afwijzing
   - O B een compliment
   - O C een standje
4. Gülay krijgt acrylnagels. Wat vindt ze daarvan?
   - O A Daar heeft ze geen mening over.
   - O B Die wilde ze niet.
   - O C Die wilde ze ook graag.
5. Goldina geeft voorbeelden van problemen die klanten haar vertellen. Welk problemen noemt ze niet?
   - O A huwelijksproblemen
   - O B problemen met de kinderen
   - O C problemen op het werk
6. Goldina zegt dat ze zwijgplicht heeft. Houdt ze zich hier zelf aan?
   - O A ja
   - O B nee
   - O C soms
7. Waarom kiest Goldina feloranje nagellak voor Gülay?
   - O A Omdat dat de favoriete kleur van Goldina is.
   - O B Omdat deze kleur het beste bij Gülays huid past.
   - O C Omdat deze kleur in de mode is.

© Noordhoff Uitgevers

8 8.1 Lesen

A2

Je ziet in de grafiek *Beliebte Ausbildungen in Österreich* in het **▸Textbuch, bron 8** tien populaire opleidingen in Oostenrijk. **Bekijk** de grafiek en **beantwoord** de vragen in het Nederlands. **Gebruik** een woordenboek.

1. Wat is de meest gekozen opleiding bij de meisjes? ______________________
2. Wat is de meest gekozen opleiding bij de jongens? ______________________
3. Wat is de minst gekozen opleiding bij de meisjes? ______________________
4. Wat is de minst gekozen opleiding bij de jongens? ______________________

8.2 Grammatik: het voltooid deelwoord van sterke werkwoorden

a In dit hoofdstuk leer je nieuwe voltooid deelwoorden. De voltooid deelwoorden van de volgende sterke werkwoorden moet je net als die in het vorige hoofdstuk leren. **Luister** op de **▸Site** naar *Starke Verben 2* en **spreek** de werkwoorden na.

beginnen	anfangen	er **hat** angefangen
bieden	bieten	er hat geboten
dragen	tragen	er hat getragen
gebeuren	geschehen	es ist geschehen
gooien, werpen	werfen	er hat geworfen
helpen	helfen	er hat geholfen
heten	heißen	er hat geheißen
laten	lassen	er hat gelassen
lukken	gelingen	es ist gelungen
sluiten	schließen	er hat geschlossen
spreken	sprechen	er hat gesprochen
springen	springen	er ist gesprungen
treffen, ontmoeten	treffen	er hat getroffen
trekken	ziehen	er hat gezogen
vangen	fangen	er hat gefangen
verliezen	verlieren	er hat verloren
verzoeken	bitten	er hat gebeten
vliegen	fliegen	er ist geflogen
winnen	gewinnen	er hat gewonnen
zitten	sitzen	er hat gesessen

b **Vertaal** de werkwoorden in de kantlijn in het Duits.

1. heeft geboden — Für dieses Auto ____________ mein Vater € 2000,- ____________.
2. heeft gedragen — Lukas ____________ in der Schule seinen neuen Pullover ____________.
3. ben gevlogen — Ich ____________ nach Berlin ____________.
4. heeft verzocht — Susanne ____________ um mehr Lohn ____________.
5. is gebeurd — Das ____________ einmal ____________.

Noordhoff Uitgevers bv

6. heeft geholpen	Mona ______ der alten Frau ______.
7. hebben gewonnen	Gestern ______ wir das Spiel gegen HSV ______.
8. heeft verloren	Mein Bruder ______ gegen Bayern ______.
9. hebben gevangen	Otto und Stefan ______ nur einen Fisch ______.
10. heeft geheten	Der Supermarkt ______ früher SPAR ______.
11. heeft gelaten	Der Arbeitnehmer ______ sein Tablet zu Hause ______.
12. is gelukt	Ich habe einen Job! Es ______ ______.

9

9.1 Witz

Bekijk de mop in het ▸**Textbuch, bron 9**. **Beantwoord** de vragen in het Nederlands.

1. Wat zegt de vrouw? *Hij is niet echt een* ______
2. Waarom vindt de vrouw dat? ______

9.2 Spiel

Wacht even voordat je je potlood pakt en een lijn trekt tussen alle puntjes! Je gaat bij dit spel wel puntjes verbinden, maar op een andere manier dan je nu waarschijnlijk denkt. **Luister** op de ▸**Site** naar de getallen en **trek** steeds een verbindingslijntje naar het volgende getal` dat genoemd wordt. **Begin** met het getal 20.

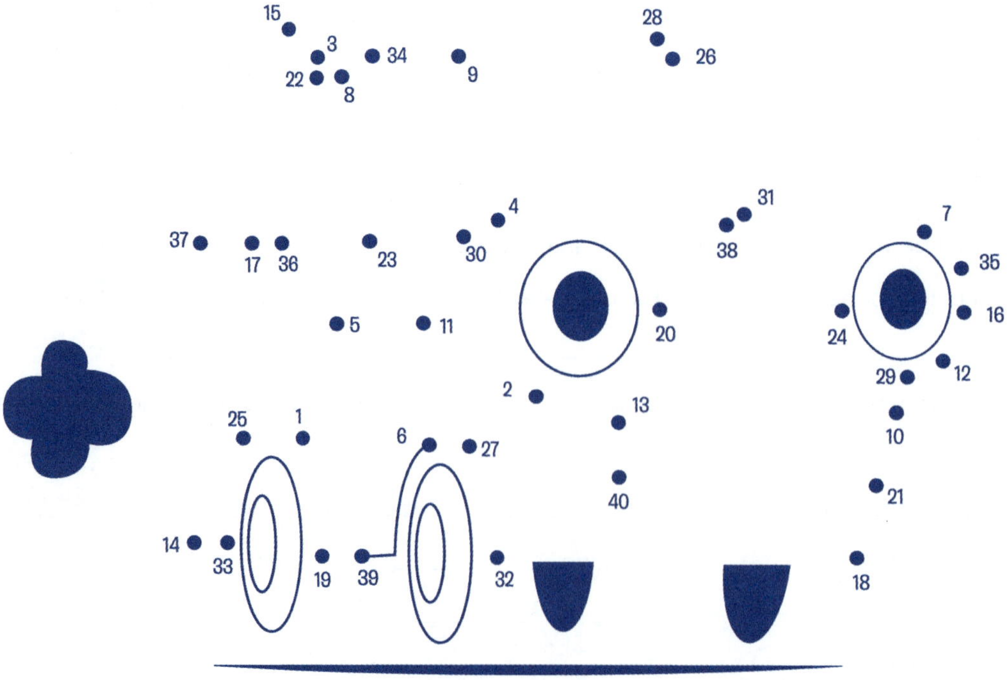

© Noordhoff Uitgevers

9.3 Grammatik: Sprechen

Werk in tweetallen. A **leest** de eerste zin voor en **gebruikt** daarin de tekening. B begint zijn zin met *Gestern*, **zet** die zin in de voltooide tijd en **gebruikt** dezelfde tekening. **Wissel** na elke zin van rol. **Lees** eerst het voorbeeld.

Beispiel:	**A**	**B**
	Ich bleibe … *Ich bleibe zu Hause.*	Gestern … *Gestern bin ich zu Hause geblieben.*
	1. Er trinkt …	Gestern …
	2. Wir essen …	Gestern …
	3. Geht ihr auf ein … ?	… gestern … ?
	4. Liest du … ?	… gestern … ?
	5. Die Mädchen schreiben einen …	Gestern …
	6. Frau Lieland schläft …	Gestern …
	7. Ich sehe einen schönen …	Gestern …

oordhoff Uitgevers bv

10 10.1 Lesen

✪A2

Is een baan in de autobranche iets voor jou? **Lees** de tekst *Hightech auf Rädern* in het ▸**Textbuch, bron 10**. **Kruis** steeds aan of de zin *richtig* of *falsch* is.

☆

r	f	
O	O	1. Het is een goede keuze om je carrière in de autobranche te beginnen.
O	O	2. *Made in Germany* staat voor kwaliteit, veiligheid en de nieuwste technologie.
O	O	3. Ook kleine auto's zullen in de toekomst van hoogwaardige technologie worden voorzien.
O	O	4. De autobranche heeft nog te weinig werknemers in opleiding.
O	O	5. Het 'gesprek met de klant' hoort bij de meeste beroepen in de autobranche.
O	O	6. Als je kiest voor de autobranche, dan kies je in de eerste plaats voor je liefde voor auto's.

10.2 Wörterliste B

a De volgende woorden hebben allemaal met werken te maken. **Lees** de woorden een keer goed door.

	DER-woorden
de opdracht de werknemer de werkgever het bedrijf de chef de baan de collega, de collega's de medewerker, de medewerkers	der Auftrag der Arbeitnehmer der Arbeitgeber der Betrieb der Chef der Job der Kollege, **die** Kollegen der Mitarbeiter, **die** Mitarbeiter
	DIE-woorden
de afdeling de vakbond het pensioen de belasting de vergadering	die Abteilung die Gewerkschaft die Rente die Steuer die Versammlung
	DAS-woorden
het kantoor het salaris het personeel de onderneming	das Büro das Gehalt das Personal das Unternehmen
	OVERIGE WOORDEN
werkloos ontslaan produceren verantwoordelijk samenwerken	arbeitslos entlassen produzieren, herstellen verantwortlich zusammenarbeiten

b **Vul** in elke zin een woord uit de woordenlijst in.

1. Mein Vater wurde vorige Woche entlassen. Jetzt ist er ______________________.
2. Arbeitest du gerne alleine, oder möchtest du lieber ______________________?
3. Mein Onkel arbeitet bei BMW in der IT- ______________________.

© Noordhoff Uitgevers

4. Diese Firma finde ich super! Und alle ________________________ sind nett.
5. Der Direktor: 'Wir ________________________. jedes Jahr zwei Millionen Chips für Computer'.
6. In diesem ________________________ arbeiten etwa 100 Personen.
7. Ab wie viel Euro muss man ________________________ zahlen?
8. Wie viel ________________ bekommt dein Opa?

c **Leer** nu de woorden Nederlands-Duits en Duits-Nederlands. Je kunt de woorden ook oefenen op de ▶**Site**.

10.3 Rätsel

Op de tekening zijn acht beroepen te zien. **Schrijf** er zes in het Duits op. **Gebruik** een woordenboek.

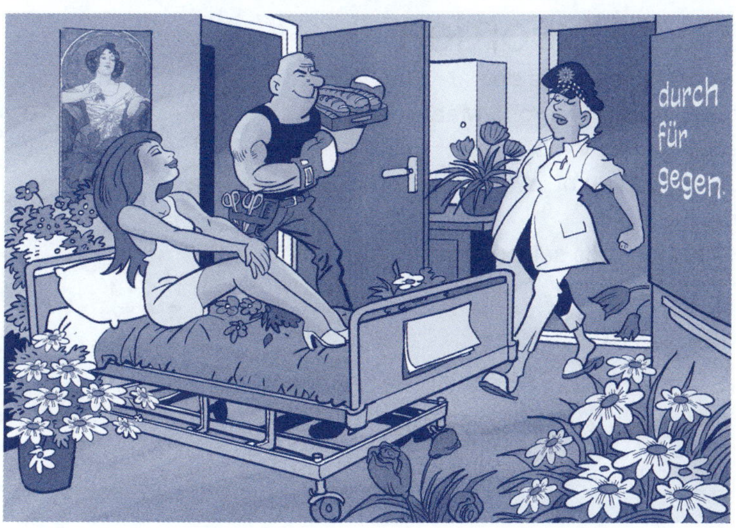

____

____

11

11.1 Lesen

✪A2

Sue zoekt een baantje als babysitter. **Lees** de advertentie van Sue in het ▸**Textbuch, bron 11**. **Beantwoord** de vragen in het Nederlands.

1. Uit welk land komt Sue? ______
2. Op welke dagdelen kan Sue oppassen? ______
3. Wat wordt er gezegd over de leeftijd van de kinderen? ______
4. Wat schrijft Sue over haar opleiding?

______

5. Kan Sue aantonen dat ze ervaring heeft als oppas? **Leg** je antwoord uit.

______

6. Waar heeft Sue haar opleiding gevolgd?

______

7. Wanneer kan Sue doordeweeks opassen en wanneer in het weekend?

______

11.2 Hören

✪A2

Je gaat luisteren naar de *Schülerradio Droste* van de *Staudinger Gesamtschule*. **Luister** op de ▸**Site** naar *Was willst du werden?* en **vul** de tabel in het Nederlands in. **Let** op: de vragen staan niet op volgorde van het fragment.

	Waar heb je stage gelopen?	Wat wil je worden?	Wat vond je van de stage?
Paula			
Tom	x		x
Mila		x	

11.3 Grammatik: het voltooid deelwoord van sterke werkwoorden

Wat een geluksdag voor Daniel! Als je de opdracht gemaakt hebt, weet je waarom. **Maak** van het vetgedrukte werkwoord in de zin een voltooid deelwoord. **Let** goed op of je *haben of sein* moet gebruiken.

<u>Voorbeeld</u>: Daniel / 7:00 Uhr / aus seinem Bett / springen.

Daniel ist um 7:00 Uhr aus seinem Bett gesprungen.

1. Um 8:00 Uhr / er / mit seiner Arbeit / **anfangen**.

______

2. Um 11:00 Uhr / mit seinem Chef / **sprechen**.

______

© Noordhoff Uitgeve

3. Nach der Arbeit / er / zum Supermarkt / **gehen**.

____

4. Der Supermarkt / aber / **schließen**.

____

5. Dann / er / zu einem Imbiss / **gehen**.

____

6. Seine Currywurst mit Pommes / Daniel / im Park / **essen**

____

7. Er / auf einer Bank / in der Sonne / **sitzen**.

____

8. Dort / Daniel / ein tolles Mädchen/ **treffen**.

____

9. Daniel und das Mädchen / sehr lange / miteinander / **sprechen**.

____

12 12.1 Sprechen

a **Bekijk** de tekening in het **▸Textbuch, bron 12**. **Zoek** daarop vijf dingen die je in het echt nooit ziet. **Vertel** hierover in het Nederlands aan je buurman/buurvrouw.

b **Zoek** in de tekening naar antwoorden op de volgende vragen en **vertel** ze in het Duits aan je buurman/buurvrouw. **Wissel** na elke vraag van rol. **Controleer** elkaars antwoorden.

1. Worum geht es im Interview, denkst du?
2. Wo im Gebäude wird ein Vorstellungsgespräch geführt?
3. Warum muss der junge Mann mit den blonden Haaren das Haus verlassen?
4. Mit wem arbeitet der Elektriker in einem Raum?

c **Zet** de letters van de volgende woorden in de juiste volgorde. Alle woorden hebben met beroepen en werken te maken. Ze zijn ook op de tekening in het **▸Textbuch, bron 12** te zien.

1. nVpostllugsersrächge _______________
2. aJosrnulit _______________
3. orDkiret _______________
4. räBerftgrie _______________
5. ikktrEleer _______________

oordhoff Uitgevers bv

13.1 Plauderecke A

a **Luister** op de ▸Site naar *Plauderecke A*. **Lees** mee in het ▸Textbuch, bron 13.

b **Lees** *Plauderecke* A in het ▸Textbuch, bron 13 nog een keer goed door.

c **Werk** in tweetallen. **Zet** de woorden in de juiste volgorde. Het eerste woord van de vraag of zin is vetgedrukt. **Doe** om beurten een zin / vraag.

1. den Hauptschulabschluss / in / **machst du** / anderthalb Jahren?
2. später / werden / **ich möchte** / Verkäuferin.
3. lieber mit dem Kopf / **arbeitest du** / oder / mit den Händen?
4. später / am liebsten / in einem Büro / **ich möchte** / arbeiten.
5. schon / **ich** / im ersten Jahr / mache / ein Praktikum.

d **Leer** nu *Plauderecke A*.

13.2 Examentraining

Projekt: Schulcafé Chilli
Friedrich-Wilhelm-Herschel-Schule, Nürnberg

(1) Am meisten hat Sabine beeindruckt, dass sie mit ihren Mitschülern in einem richtigen Restaurant ausgebildet wurde - wo es weiße Tischdecken gibt mit passenden Servietten und Unmengen verschiedener Gläser. 'Dort haben wir gelernt, wo man das Besteck hinlegen muss und wie man richtig abräumt‘, erzählt die 15-Jährige mit Stolz. Aber sie hat noch mehr gelernt: einen Menüplan erstellen, einkaufen, kochen, kassieren, abrechnen. Die Mitarbeiter des Schulcafés 'Chilli' lernen das Geschäft von Grund auf: 'Jeder muss sich bei uns mit allen Tätigkeiten der Gastronomie vertraut machen', sagt Projektleiterin Chiara Fürst.

(2) Seit zwei Jahren können die rund 450 Schüler der Nürnberger Friedrich-Wilhelm-Herschel-Schule am Mittag nicht nur gesund und günstig essen. Für fast vierzig von ihnen ist das Projekt zugleich ein Training für den Arbeitsmarkt. 'Die Jugendlichen lernen, dass jeder seinen Platz hat und man sich aufeinander verlassen können muss‘, sagt Chiara Fürst, 'sonst funktioniert der Betrieb nicht.‘ Unter den Fünft- bis Neuntklässlern bewerben sich viele für das Café, aber nicht jeder wird genommen: 'Ich musste ein richtiges Bewerbungsschreiben abliefern und hatte ein Aufnahmegespräch‘, erzählt Sabine.

Aus: vmbo KB 2012-I

© Noordhoff Uitgever

a Lees de informatie in het kader goed door.

Meerkeuzevragen
Bij de meerkeuzevragen bij het centraal examen (voor KB, GT en TL) zijn de vragen en antwoorden in het Duits. Om die vragen goed te kunnen beantwoorden, zijn drie dingen belangrijk:

1. Je moet de vraag begrijpen.
2. Je moet de antwoorden begrijpen.
3. Je moet het stuk tekst begrijpen waarover de vraag gaat.

1. De vraag begrijpen
   In meerkeuzevragen komen vaak dezelfde woorden voor. Als je die leert, hoef je minder woorden in een woordenboek op te zoeken. Dat scheelt tijd!
2. De antwoorden begrijpen
   Veel Duitse woorden in antwoorden bij een meerkeuzevraag lijken op Nederlandse woorden. Als je in een antwoord een woord niet begrijpt en daardoor het gehele antwoord niet snapt, zoek dat woord dan op in een woordenboek.
3. Het stuk tekst begrijpen waarover de vraag gaat
   Achter een vraag is vaak aangegeven, waar je moet zoeken:
   – het nummer van de *Absatz* – alinea – wordt genoemd;
   – het nummer van de *Zeile(n)* – regel(s) – wordt genoemd.

b Lees de volgende vragen en **schrijf** de vertaling eronder op.

1. Welche Aussage über Sabine stimmt mit dem 1. Absatz überein?

   ____

   ○ A Sie fand es toll in der Praxis geschult zu werden.
   ○ B Sie fühlt sich zu gut für einfache Aufgaben.
   ○ C Sie hat bei der Arbeit neue Freundschaften geknüpft.
   ○ D Sie hat entdeckt mehr zu können, als sie selbst geglaubt hatte.

2. Welcher Titel passt zum 2. Absatz?

   ____

   ○ A Abschaffung der Schulfächer
   ○ B Definitive Berufswahl
   ○ C Doppelte Funktion
   ○ D Gut bezahlter Nebenjob

c Beantwoord de vragen van opdracht **b**. Ze gaan over de tekst *Projekt: Schulcafé Chilli*.

d Lees de volgende tip.

TIPP

Nog een manier om een meerkeuzevraag te beantwoorden
Je kunt ervoor kiezen om een meerkeuzevraag als een open vraag te zien. Je leest dan nog niet de antwoorden, maar alleen de vraag en het stukje tekst waarin het antwoord moet staan. Als je het antwoord hebt gevonden, vergelijk dat dan met de antwoorden die zijn gegeven. Staat jouw antwoord erbij? Prima, dan ben je snel klaar!
Als je ervoor kiest om een meerkeuzevraag als een open vraag te zien, dan hoef je misschien (veel) minder woorden op te zoeken!

›ordhoff Uitgevers bv

e **Lees** de volgende vraag en **schrijf** de vertaling eronder op. **Beantwoord** de vraag daarna in het Nederlands.

'Unter den … erzählt Sabine.' (Absatz 2)
Was wird in diesem Satz ausgesagt?

____

____

f **Vergelijk** jouw antwoord uit opdracht **e** met de volgende antwoorden. Staat jouw antwoord ertussen? Zo ja, **kruis** dat aan.

- O A Die Mitarbeiter des Cafés werden sorgfältig ausgewählt.
- O B Im Schulcafé können Schulschwänzer sich unauffällig aufhalten.
- O C In Rollenspielen üben die Café Mitarbeiter den Kontakt mit den Gästen.
- O D Vor allem weibliche Schüler interessieren sich für die Café Arbeit.

14

14.1 Aussprache

a Semra is met haar ouders op vakantie in Oostenrijkse Alpen. Gisteren heeft ze Diego ontmoet. Hij is een stuk ouder dan zij, maar toch vindt ze hem leuk. Vandaag ziet ze hem weer. **Lees** het gesprek *Mit dem Kopf oder mit den Händen?* in het **►Textbuch, bron 14** met een klasgenoot. **Verdeel** de rollen. **Let** op de uitspraak.

b **Werk** in tweetallen. Jij **leest** de zin voor en een klasgenoot **maakt** die zin af. **Wissel** na elke zin van rol.

1. Diego trägt nicht gerne einen Anzug. Deswegen sagt er: …
2. Semra arbeitet nicht gerne mit den Händen. Deswegen sagt sie …
3. Semra findet Ziegenhüter komisch. Deswegen sagt sie: Ich verstehe nicht, dass es Leute gibt die …
4. Semra glaubt, sie hat Diegos Vater beleidigt. Sie vergleicht sich mit einem Tier. Sie sagt: …
5. Diego und sein Vater brauchen Hilfe. Diego sagt deswegen: …

14.2 Sprechen

Wat is in jouw klas het populairste beroep? En welk beroep is in jouw klas helemaal niet populair?

Vraag aan je klasgenoten in het Duits wat zij later graag willen worden en wat het liefst niet. **Schrijf** een populair beroep dat door de eerste leerling wordt genoemd in de linkerkolom van de tabel. Noemt de volgende leerling dat beroep ook, **zet** er dan een streepje achter. Met de beroepen die niet populair zijn, doe je hetzelfde.

Berufe die beliebt sind	Berufe die nicht beliebt sind

© Noordhoff Uitgevers

14.3 Hören

A2

a Cleo wil banketbakker worden. Daarom heeft ze gesolliciteerd naar een bijbaantje bij een banketbakker in Wenen. Morgen heeft ze een sollicitatiegesprek. Ze oefent dit met een vriend. **Luister** op de ▶**Site** naar *Vorbereitung auf das Vorstellungsgespräch Teil 1*. **Beantwoord** de vragen in het Nederlands.

1. Op welke drie dingen moet Cleo van Martin beter letten?

   ____

2. Waar houdt Cleo niet van? **Noem** één ding. ______________________________

3. Wat moet je tijdens een sollicitatiegesprek over jezelf vertellen? ______________________________

b **Luister** op de ▶**Site** naar het tweede deel. Welke tekening past het beste bij het einde van het gesprek? **Omcirkel** het getal 1, 2 of 3.

1.

2.

3.

15.1 Plauderecke B

15

a **Luister** op de ▶**Site** naar *Plauderecke B*. **Lees** mee in het ▶**Textbuch, bron 15**.

b **Lees** *Plauderecke B* in het ▶**Textbuch, bron 15** nog een keer goed door.

c **Werk** in tweetallen. Jij **stelt** de vragen en een klasgenoot **geeft** antwoord. **Gebruik** de steekwoorden in de vragen en antwoorden.

Du	**Dein(e) Nachbar(in)**
Stärken	pünktlich – zuverlässig
Freunde – beschreiben	nett – mit anderen zusammen
Zeitdruck	unsicher
Kritik	gestresst
diese Stelle beworben	arbeite selbständig – gefällt mir
Firma arbeiten	toll – Stimmung

d **Leer** nu *Plauderecke B*.

©Noordhoff Uitgevers bv

15.2 Sprechen

Kijk nog eens naar de tekening in het ▸**Textbuch, bron 12**. Je ziet in de kantoorruimte op de eerste verdieping een meisje zitten. Zij heeft een sollicitatiegesprek (gesprek 1). In het park wordt de tuinman geïnterviewd door een journalist (gesprek 2). **Speel** één van die gesprekken met je buurman/buurvrouw. Het begin en einde is gegeven. **Bedenk** zelf minstens twee zinnen. **Gebruik** *Plauderecke A* en *Plauderecke B*.

Gesprek 1

Du	**Dein(e) Nachbar(in)**
Warum hast du dich um diese Stelle beworben?	Was ich hier machen werde, gefällt mir.
...	...
Wie arbeitest du unter Zeitdruck?	Zeitdruck ist für mich kein Problem.

Gesprek 2

Du	**Dein(e) Nachbar(in)**
Machst du gerne Handarbeit?	Ja, das mache ich sehr gern!
...	...
Herzlichen Dank für das Interview.	Gern geschehen.

15.3 Grammatik: verleden tijd *haben* en *sein*

a Lees de volgende informatie door.

De vormen van *haben* en *sein* in de tegenwoordige tijd ken je al.

Voorbeelden: Ik *heb* een bijbaantje.	Ich *habe* einen Nebenjob.
Hij *is* bij zijn oma.	Er *ist* bei seiner Oma.

Je kunt deze zinnen in de verleden tijd zetten om aan te geven dat iets eerder (gisteren of een uur geleden) zo was.

Voorbeelden: Ik *had* vroeger een bijbaantje.	Ich *hatte* früher einen Nebenjob.
Hij *was* gisteren bij zijn oma.	Er *war* gestern bei seiner Oma.

b Lees nu de vormen van *haben* en *sein* in de verleden tijd.

hebben	**haben**
ik had	ich hatte
jij had	du hattest
hij had	er hatte
zij had	sie hatte
het had	es hatte
wij hadden	wir hatten
jullie hadden	ihr hattet
zij hadden	sie hatten
u had	Sie hatten

zijn	**sein**
ik was	ich war
jij was	du warst
hij was	er war
zij was	sie war
het was	es war
wij waren	wir waren
jullie waren	ihr wart
zij waren	sie waren
u was	Sie waren

© Noordhoff Uitgevers

c **Vul** de juiste verledentijdsvorm van *haben* of *sein* in.

1. haben Ich ______________ keine Erfahrung im Einzelhandel.
2. sein Wo ______________ du gestern?
3. sein Wir ______________ vorige Woche in einem chemischen Betrieb.
4. haben Am Montag ______________ Erich ein Vorstellungsgespräch.
5. sein Seine Schwester ______________ lange arbeitslos.
6. haben Benjamin ______________ ein Praktikum auf einem Bauernhof gemacht.
7. sein Der Auftrag ______________ wahnsinnig schwierig.
8. sein Ich ______________ noch nie in der Schweiz.
9. haben Ihr ______________ wirklich kein Glück im Hockeyspiel!
10. haben Was ______________ deine Mutter darüber gesagt?
11. sein ______________ ihr gestern nicht zu Hause?
12. sein Mein Großvater ______________ früher Bäcker.

15.4 Spiel

Je gaat het spel *Welcher Beruf*? spelen. **Lees** eerst de volgende informatie.

Uitleg:
De klas wordt in groepjes van drie leerlingen verdeeld. Elke leerling heeft een woordenboek N-D nodig. Per groepje krijgen jullie een kaartje met daarop drie beroepen. Bij elk beroep moeten jullie ten minste drie woorden opschrijven die daarmee te maken hebben. Maak het niet te gemakkelijk, want straks moeten de anderen raden, welk beroep jullie hebben omschreven. En als het niet geraden worden, krijgen jullie punten!

Voorbeeld:
Bäcker
Mütze, Brezel, Laden
dus niet: *Brot, Ofen, Bäckerei* (dat is veel te eenvoudig)
en ook niet: *Mehrkornbrötchen, Weizenmehl, Backblech* (want dat is te moeilijk!)

Spelregels:
Als elk groepje de woorden heeft opgeschreven, kan het spel beginnen. Iemand van groep 1 leest de drie woorden voor die bij het eerste beroep horen. Groep 2 probeert dat beroep te raden door vragen te stellen. Dat kunnen open vragen zijn of vragen waarop je alleen met 'ja' of 'nee' kunt antwoorden. Er mogen maximaal drie vragen worden gesteld. Groep 2 leest daarna de drie woorden van hun eerste beroep voor aan groep 3. Groep 3 probeert dit beroep te raden, enzovoort.

Puntentelling:
- Elk goed geraden beroep: één, twee of drie punten voor de groep die het beroep moet raden.
- Wordt het beroep na één vraag geraden, dan worden 3 punten gegeven.
- Wordt het beroep na twee vragen geraden, dan worden 2 punten gegeven.
- Wordt het beroep na drie vragen geraden, dan wordt 1 punt gegeven.
- Elk niet geraden beroep: twee punten voor de groep die de woorden over het beroep voorleest.

Het groepje met de meeste punten is de winnaar.

16 16.1 Blog

a Detlef geeft les op een *Hauptschule* in Duitsland. Hij heeft een blog en schrijft vaak over onderwijs. **Lees** *Blog* in het ▸**Textbuch, bron 16**. **Beantwoord** de vragen in het Nederlands.

1. Wat heeft Detlef in Nederland gedaan?

2. Welk verschil noemt Detlef tussen een Nederlandse vmbo-school en een Duitse *Hauptschule?*

3. Waarom vindt Karl dat hij geen Engels nodig heeft. **Noem** twee redenen.

4. Welke vraag stelt Detlef aan het einde aan zijn lezers?

b **Vertaal** de volgende zinnen in het Duits. De zinnen staan niet letterlijk in het blog.

1. Bij ons op het vmbo mag je geen (*keine*) vakken laten vallen.

2. Het (*Es*) is niet eenvoudig voor leerlingen, die weten wat ze willen worden (= worden willen).

3. Karl vindt muziek, geschiedenis en Engels niet noodzakelijk.

4. Een vrachtwagenchauffeur moet zich in het Engels (*auf Englisch*) kunnen redden (= redden kunnen).

5. Ik spreek een paar woorden (*Wörter*) Engels.

6. Zuid-Europeanen spreken niet veel beter Engels dan ik.

7. Ik heb me afgevraagd, of hij gelijk heeft.

© Noordhoff Uitgevers

☆ 16.2 Rätsel

a

b

c

d

e

f

g

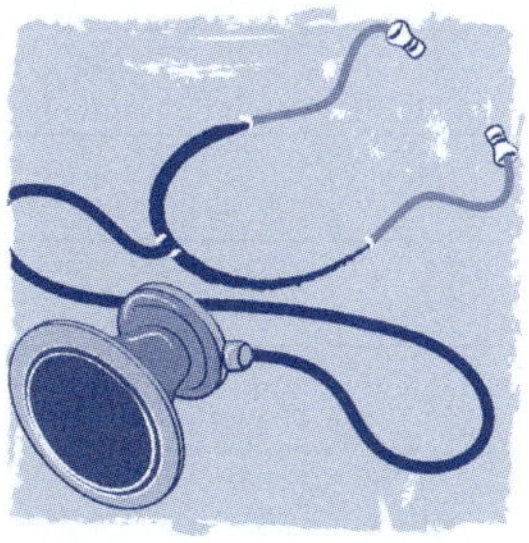

h

i

j

k

Zoek bij elk beroep het passende voorwerp. **Schrijf** de letter van het voorwerp achter het beroep. Er blijven drie voorwerpen over.

1. Lehrerin ________________
2. Arzt ________________
3. Pilot ________________
4. Journalistin ________________
5. Verkäufer ________________
6. Kellnerin ________________
7. Mechaniker ________________
8. Koch ________________

Noordhoff Uitgevers bv

17

17.1 Schreibecke

A2

a **Lees** de *Schreibecke in* het ►Textbuch, bron 17 goed door.

b Stel je voor, jij leest de blog van Detlef en je wilt reageren. **Schrijf** een reactie. **Gebruik** de *Schreibecke* en de *Blog* in het ►Textbuch, bron 16. **Schrijf** in je reactie het volgende:

- begin met een aanhef;
- schrijf: Ik weet niet wat ik wil worden;
- schrijf: Ik twijfel tussen economie en techniek;
- schrijf: Ik wil graag economie kiezen, maar (*aber*) ik ben slecht in Duits en Frans;
- schrijf: Morgen heb ik een afspraak met de mentor;
- schrijf: Ik moet daarna (*danach*) een keuze maken;
- sluit je bericht met een afscheidsgroet en je naam.

____

____

____

____

____

____

c **Schrijf** in maximaal twee zinnen in het Duits je eigen mening op de blog van Frank.

____

____

d **Leer** nu de *Schreibecke*.

17.2 Hören

A2

Je gaat luisteren naar omroepberichten op een banenbeurs in Stuttgart. **Luister** op de ►Site naar *Jobmesse Stuttgart* en **streep** het foute antwoord door.

1. In hal 2 zijn de standhouders van **ambachtelijke / dienstverlenende** beroepen.
2. De presentatie over het onderwerp 'Origineel solliciteren' is om **12.00 / 14.00** uur.
3. Bij de prijsvraag in hal 4 kan je een **stage / taalreis** winnen.
4. De VW Polo met het nummerbord **S-AZ-132 / S-AZ-123** staat fout geparkeerd.

17.3 Plauderecke A und B

A2

Werk in tweetallen. Jij **stelt** de vragen, een klasgenoot **maakt** met het steekwoord / de steekwoorden een Duitse zin. **Wissel** na het gesprek van rol.

Du	Dein(e) Nachbar(in)
Welche Schwächen hast du?	*gestresst, onzeker*
Warum hast du dich für diese Stelle beworben?	*bank werken*
Machst du gerne Handarbeit?	*ja, handen, werk graag samen*
Machst du dann auch ein Praktikum?	*ja, stage, supermarkt, zomer*
Warum willst du in unserer Firma arbeiten?	*sfeer*
Wie reagierst du auf Kritik?	*hangt ervan af, zelf kritisch*

© Noordhoff Uitgevers

☆ 17.4 Rätsel

a Veel Duitse voetballers hebben een achternaam die over een beroep gaat. **Verbind** een voorwerp of product met de naam van een voetballer.

○

○

○

○

○

○ Gerd Zimmermann (Fortuna Düsseldorf)

○ Carsten Sänger (F.C. Rot-Weiß Erfurt / DDR)

○ Gerd Müller (F.C. Bayern München)

○ Nicole Maurer (F.C. Bayern München)

○ Hans Bauer (F.C. Bayern München)

b **Plak** in het fotokader een foto van een bekende persoon die een beroep in zijn achternaam heeft.

ordhoff Uitgevers bv

18 18.1 Landeskunde

Bestaan er typisch Oostenrijkse beroepen? **Lees** de tekst *An die Arbeit in Österreich* in het **▸Textbuch, bron 18**. Welke woorden / woordgroepen uit het kader komen in de tekst voor? **Schrijf** ze onder de juiste tekening. Er blijven zes woorden over.

> sportief – enthousiast – stressbestendig – probleemoplossend kunnen denken – cursus volgen – EHBO-diploma – geduldig – sociaal – kaart lezen – intelligent – talenkennis – toelatingsexamen – vertrouwen hebben – flexibel – kompas lezen – zorgzaam

A

B

C

D

18.2 Grammatik: verleden tijd *haben* en *sein*

a **Kies** *haben* of *sein* en **vul** de juiste verledentijdsvorm in.

1. Wann ______ du in Bern?
2. Ich ______ vor zwei Jahren in Bern.
3. Herr Schmidt ______ eine Sekretärin.
4. Welche Ausbildung ______ Herr Schmidt gemacht?
5. Wo ______ ihr in den Ferien?
6. Wir ______ im Allgäu.
7. ______ Sie früher Haustiere?
8. Ja, wir ______ vier Katzen und zwei Hunde.

© Noordhoff Uitgevers

b Werken in je vakantie? Je leest hier een bericht van twee vrienden die dit gedaan hebben. **Vertaal** het werkwoord tussen haakjes in het Duits.

Ferienjob auf einem Bauernhof

1. Letztes Jahr (was) ______________ ich in Tirol.
2. Da (heb) ________________ ich auf einem Bauernhof gearbeitet.
3. Ich (was) ________________ da zusammen mit meinem Freund Niklas.
4. Wir (hebben) _______________ den Bauern bei der Ernte ____________________ (geholpen).
5. Was wir sonst noch gemacht (hebben) ________________?
6. Niklas hat eine Kuh (gevangen) ______________________.
7. Das war schwierig, aber es ist ihm (gelukt) ______________________.
8. Wir sind auch von einer 30 Meter hohen Felswand ins Wasser (gesprongen)

   ____________________.
9. Wir haben viele junge Leute (ontmoet) ______________________.
10. Niklas und ich haben Deutsch mit ihnen (gesproken) ______________________.
11. Und ich habe zum ersten Mal in einem Sessellift (gezeten) ______________________.
12. Es (was) __________ eine tolle Erfahrung!

18.3 Landeskunde

In dit hoofdstuk heb je veel geleerd over werken en beroepen. In de volgende opdracht ga je daarmee aan de slag. **Kleur** de eerste zin in de linkerkolom. **Geef** een woord uit de kolom *Antwort* dat bij die zin past dezelfde kleur. **Gebruik** voor elke nieuwe zin (en het antwoord dat daarbij hoort) een andere kleur.

Satz	**Antwort**
Dat bedrijf staat in de top 20 van grootste Duitse bedrijven.	Feuerwehrmann
Dat is een populair beroep in Oostenrijk.	Berufsschule
Zo heet in Duitsland het beroep minister-president.	Politiker
Op deze school leer je een beroep.	Usedom
Dat is een populair beroep in Duitsland.	Notendurchschnitt
Dat beroep is in Duitsland niet populair.	Siemens
Dat is een eiland in de Oostzee.	Skilehrer
Dat is het woord voor je gemiddelde cijfer.	BundeskanzlerIn

Noordhoff Uitgevers bv

Portfolio

A2

Heb jij een droombaan? Voor de één is dat brandweerman, voor de ander fotomodel. Bij deze opdracht mag je laten zien hoe een werkdag in de baan van jouw dromen eruitziet.

Als je deze opdracht gedaan hebt, dan kun je:

A2 Schreiben	in korte, eenvoudige zinnen vertrouwde zaken beschrijven.
A2 Sprechen	voor een groep in korte, vooraf ingeoefende zinnen iets aankondigen of meedelen.

a **Maak** zes foto's van je droomwerkdag en **beschrijf** elke foto met één of twee zinnen in het Duits.

Bijvoorbeeld:
- **Foto 1:** *Sebastian Vettel wartet auf mich, um sein Rennauto zu testen.*
- **Foto 2:** *Ich wechsle die Reifen von dem Rennauto.*
- **Foto 3:** ...

b **Presenteer** de foto's voor de klas. **Doe** dit zoals in het voorbeeld bij opdracht **a.**

Document voor het portfolio:
- foto's met beschrijvingen

© Noordhoff Uitgevers

Op de ▶Site www.trabitour.noordhoff.nl vind je:

- een handig programma om woordjes mee te oefenen
- een handig programma om alle grammatica te oefenen
- filmpjes om je kijk- en luistervaardigheid te trainen
- leuke webquests
- *Wimmelbilder*: zoekplaten waarmee je ook Duits leert
- een oefentoets
- alle luistervaardigheid en de *Lieder* met een karaokeversie
- oefeningen met de *Plauderecke* en de *Schreibecke*

Op naar de toets!

Wat moet je kennen en kunnen voor de toets over *Kapitel* 14?

- ○ *Lernecke* **▶Textbuch**
- ○ *Plauderecke A* en *Plauderecke B* **▶Textbuch, bron 13** en **15**
- ○ *Schreibecke* **▶Textbuch, bron 17**

Er worden ook vragen gesteld over de *Landeskunde* van dit hoofdstuk. Leer opdracht **18.3**. Er zitten ook een lees- en een luisteropdracht in de toets. Hiervoor kun je niets voorbereiden.

ordhoff Uitgevers bv

15 Fieberfrost und Fitnessraum

Als je alles in dit hoofdstuk gedaan hebt, kun je:
- zeggen wat je mankeert;
- reclames over geneesmiddelen begrijpen;
- een nieuwsbericht voorlezen;
- schrijven hoe het nu met je gaat;
- … nog veel meer!

Einleitung: Landeskunde

a **Lees** de inleiding en **bekijk** de grote foto in het ▸**Textbuch**. Dit hoofdstuk gaat over gezondheid. Dat is in Duitsland net zo'n belangrijk onderwerp als in Nederland. In Nederland kun je trouwens veel producten kopen van bekende Duitse firma's die met gezondheid te maken hebben, zoals *Kneipp*, *Bayer* en *Henkel*. Van die laatste firma zijn sommige merken ook in Nederland bekend, zoals *Schwarzkopf* en *Fa*.

Lees de volgende zinnen. Wat hebben die met gezondheid te maken?

____

____

1. Eike Mund ist ein deutscher Fußballspieler.
2. Alfred Finger war ein österreichischer Violinist.
3. Dieter Zahn ist ein deutscher Kontrabassist.
4. Daniela Fuß ist eine deutsche Moderatorin.
5. Joseph von Kopf war ein deutscher Lastwagenfahrer.
6. Helmut Bein war ein deutscher Rallyefahrer.
7. Sascha Lippe ist ein deutscher Snookerspieler.
8. Michael Bauch ist ein deutscher Maler.

b **Schrijf** de getallen 1 tot en met 8 uit opdracht **a** in de tekening.

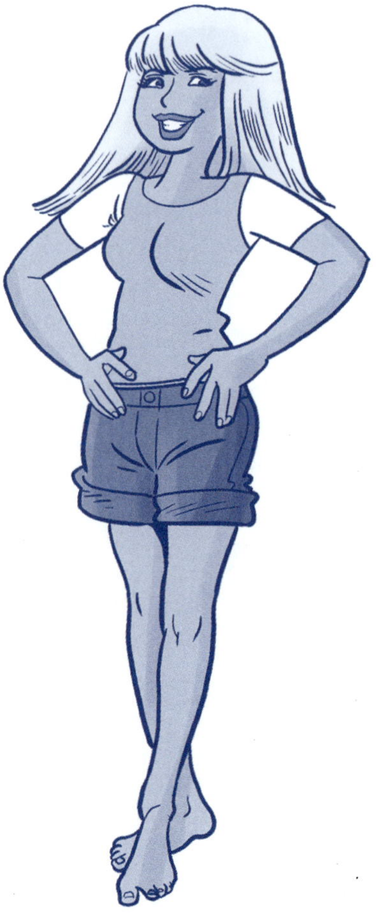

© Noordhoff Uitgevers

c **Bekijk** de tekeningen en **lees** de zinnen uit opdracht **a** nog een keer. Welke zin past bij welke tekening? **Schrijf** in het hokje het juiste getal (1 t/m 8). Er blijven twee tekeningen over.

A. ☐

B. ☐

C. ☐

D. ☐

E. ☐

F. ☐

G. ☐

H. ☐

I. ☐

J. ☐

1 1.1 Landeskunde

a **Bekijk** de foto van de *Viktualienmarkt* in München in het ▸**Textbuch, bron 1** en **lees** wat Mike hierover vertelt. **Beantwoord** daarna de vraag.

Ernährung und Gesundheit sind für mich wichtig. Ich liebe frische Produkte von guter Qualität. Ich kaufe die am liebsten auf einem Markt. Vor zwei Jahren habe ich in München den berühmten Viktualienmarkt besucht. Das ist ein Markt für Lebensmittel. Er liegt im Stadtzentrum von München, schon mehr als 200 Jahre am selben Ort. Diesen Markt kannst du jeden Tag besuchen, außer an Sonn- und Feiertagen. Hier werden unter anderem Gemüse, Obst, Geflügel, Fisch und Fleisch verkauft.

1. Wat weet je nu over de *Viktualienmarkt?* **Noem** vier dingen. ______________________

____

____

b **Verdeel** de woorden uit het kader over de vijf groepen.

Apfel – Bohnen – Brokkoli – Ente – Erdbeere – Fasan – Forelle – Gans – Hähnchen – Hering – Kiwi – Kotelett – Makrele – Mandarine – Paprika – Sardine – Speck – Spinat – Steak – Wurst

Gemüse	Obst	Geflügel	Fisch	Fleisch

©Noordhoff Uitgevers bv

2 2.1 Landeskunde

Bekijk de foto van de vrouw met het masker in het ▸**Textbuch, bron 2** en **lees** wat Anna over *Kurorte* vertelt. **Kruis** steeds aan of de zin *richtig* of *falsch* is.

In Deutschland gibt es mehr als 200 Kurorte. In einem Kurort sind natürliche Heilmittel vorhanden. Die kommen aus dem Boden oder aus dem Wasser. Oder sie haben mit dem Klima zu tun, zum Beispiel mit gesunder Luft. In einem Kurort gibt es oft Wellnessangebote. Solche Angebote passen prima zu meiner Tante Hannelore.
Kräuterbad oder Schönheitsbad oder sogar ein Bierbad: Hannelore findet sowas toll. Oder eine Kosmetikbehandlung mit Gurken, die auf die Augen gelegt werden. Apropos Gurken: Persönlich esse ich die lieber.

r	f	
○	○	1. Natuurlijke geneesmiddelen hebben onder andere met water en lucht te maken.
○	○	2. Hannelore gaat graag op vakantie in een kuuroord.
○	○	3. Anna vindt een cosmetische behandeling met komkommers geweldig.

3 3.1 Landeskunde

Bekijk de foto van de *Bionadewerbung* in het ▸**Textbuch, bron 3** en **lees** wat Yusuf over dit drankje vertelt. **Beantwoord** daarna de vragen in het Nederlands.

Kennst du Bionade? Es ist in Deutschland sehr berühmt. Auch in anderen Ländern wird es immer beliebter. Bionade ist ein biologisches, alkoholfreies Erfrischungsgetränk. Es besteht seit 20 Jahren. Seit Anfang dieses Jahrhunderts wird es auch in Bioläden und Biosupermärkten verkauft. 2006 nahm die Deutsche Bahn Bionade in ihr Sortiment auf. Es gibt Bionade in verschiedenen Geschmackssorten. Ich trinke am liebsten Bionade Holunder.

1. Wat is *Bionade?* ______________________________

2. Wat gebeurde er in 2006? ______________________________

____

3. Wat betekent de zin *Es gibt Bionade in verschiedenen Geschmackssorten?*

____

3.2 Wörter

Welk woord past het beste in de zin? **Kies** uit de twee woorden die voor de zin staan het juiste woord en **vertaal** dat in het Duits.

opleiding / advies	1. Die ______________ dauert vier Jahre.
landbouw / toekomst	2. Deine ______________ sieht sehr gut aus.
sollicitatiegesprek / vacature	3. Morgen habe ich ein ______________.
solliciteren / kiezen	4. Ich werde mich um die Stelle ______________.
opdracht / collega	5. Das ist Jan Merckelssohn. Er ist mein ______________.
verantwoordelijk / werkeloos	6. Peter ist entlassen worden. Er ist jetzt ______________.
belasting / vergadering	7. Die ______________ ist heute um 15:00 Uhr.
samenwerken / produceren	8. Ich kann gut mit ihm ______________.

© Noordhoff Uitgeve

3.3 Sprechen

a **Werk** in tweetallen. **Vertel** aan een klasgenoot iets over jouw toekomst. **Gebruik** de steekwoorden op het schoolbord. **Wissel** van rol.

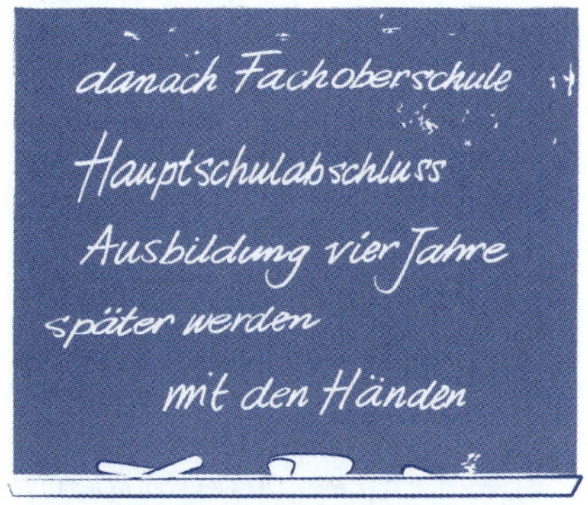

b **Werk** in tweetallen. **Vertel** aan een klasgenoot iets over jezelf. **Gebruik** de steekwoorden op het schoolbord. **Wissel** van rol.

3.4 Wörterliste A

a De volgende woorden hebben met het lichaam te maken. **Lees** de woorden een keer goed door.

	DER-woorden
de buik	der Bauch
de voet	der Fuß
het bot	der Knochen
het hoofd	der Kopf
het lichaam	der Körper
de mond	der Mund
de spier	der Muskel
de rug	der Rücken
de tand, de tanden	der Zahn, **die** Zähne
	DIE-woorden
de borst	die Brust
de hand, de handen	die Hand, **die** Hände
de huid	die Haut
de neus	die Nase
de schouder	die Schulter
het voorhoofd	die Stirn
de tong	die Zunge
	DAS-woorden
het oog, de ogen	das Auge, **die** Augen
het bloed	das Blut
de hersenen	das Gehirn
het hart	das Herz
het oor, de oren	das Ohr, **die** Ohren

b **Zoek** bij elk werkwoord een lichaamsdeel. **Schrijf** er *der, die* of *das* voor. Je moet bij elk werkwoord een ander lichaamsdeel opschrijven.

1. sehen ______________________	6. kauen ______________________
2. essen ______________________	7. riechen ______________________
3. klopfen ______________________	8. hören ______________________
4. denken ______________________	9. verrenken ______________________
5. spenden ______________________	10. schmecken ______________________

c **Leer** nu de woorden Nederlands-Duits en Duits-Nederlands. Je kunt de woorden ook oefenen op de ▸**Site**.

4 4.1 Hören

✪A2

Hannes maakt zijn vriendinnetje Lolle graag aan het schrikken. Lolle baalt hiervan. Ze wil Hannes ook een keer goed laten schrikken. Als Hannes voor de eerste keer bij Lolles vader in de tandartsstoel ligt, krijgt hij de schrik van zijn leven. **Luister** op de ▸**Site** naar *Da habt ihr mich gut reingelegt* en **lees** mee in het ▸**Textbuch, bron 4**. **Kruis** steeds aan of de zin *richtig* of *falsch* is.

r	f	
O	O	1. Hannes heeft volgens de tandarts een kaakontsteking, ontstoken tandvlees en tandsteen.
O	O	2. De tandarts wil zonder verdoving een verstandskies trekken.
O	O	3. Hannes wil dat Lolle zijn hand vasthoudt.
O	O	4. De tandarts wil gewoon zijn werk doen.
O	O	5. Hannes geeft toe dat hij er ingetrapt is.

5 5.1 Im Kneippkurort

✪A2

Sebastian Kneipp was een Duitse priester die zich bezighield met natuurgeneeskunde. Een kuuroord waarin op de manier van Kneipp wordt gekuurd, heet een *Kneippkurort*. **Kijk** op de ▸**Site** naar *Im Kneippkurort* en **kruis** de juiste zinnen aan.

O 1. Marcel heeft net een zware maand met veel studeren afgesloten.
O 2. De *Kneippkur* is meer dan honderd jaar oud.
O 3. Belangrijk bij de kuur zijn onder andere water, beweging en voeding.
O 4. Marcel weet al wat *Wassertreten* is.
O 5. Volgens Helena helpt *Wassertreten* goed bij slaapproblemen.
O 6. Marcel wil ook graag de kruidentuin zien.
O 7. Kruiden van Kneipp worden onder andere in thee en salades gebruikt.
O 8. Kneipp was geen voorstander van veel vlees eten en veel vet gebruiken.
O 9. Volgens Kneipp moet je per dag twee liter drinken: het liefst water of kruidenthee.
O 10. Aan het einde stelt Helena voor om een wandeling door het kuuroord te maken.

© Noordhoff Uitgeve

5.2 Grammatik

In de volgende opdrachten herhaal je de grammatica. Weet je niet meer precies hoe het moet? **Kijk** dan in het **▸Textbuch, grammaticaoverzicht**.

a **Zet** de zinnen in de voltooide tijd. **Let** op de juiste vorm van *haben* en *sein*. **Lees** eerst het voorbeeld bij zin 1.

1. Die Sprechstunde fängt um 8:00 Uhr an.
   Die Sprechstunde **hat** um 8.00 Uhr **angefangen.**
2. Der Krankenpfleger trägt eine weiße Uniform.
   ____
3. Ich vergesse das Rezept.
   ____
4. Diana schläft zehn Stunden.
   ____
5. Tina ruft den Arzt.
   ____
6. Mein Vater fährt zu ihr ins Krankenhaus.
   ____
7. Wir trinken zusammen eine Cola.
   ____
8. Wann gehst du nach Hause?
   ____
9. Thomas schreibt seiner Freundin eine Karte.
   ____
10. Sem nimmt Hustensaft.
   ____

Noordhoff Uitgevers bv

b **Zet** het werkwoord in de kantlijn in de verleden tijd. **Let** op de juiste vorm.

sein	1. Der Krankenwagen ____________ kaputt.
haben	2. Der Mechaniker ______________ den Wagen repariert.
sein	3. Die Wunde ____________ sehr empfindlich.
sein	4. Wir ______________ vor der Impfung nervös.
haben	5. Meine Mutter ____________ einen Termin beim Arzt.
haben	6. Gestern ______________ ich Kopfschmerzen.
sein	7. Vorige Woche ____________ ich krank.
haben	8. Ich ______________ eine Grippe.
sein	9. ____________ du schon mal verletzt?
haben	10. ____________ ihr eine Zahnspange?

c **Maak** zinnen. **Kies** uit elke kolom een woord. **Zet** het werkwoord steeds in de juiste vorm. **Lees** eerst het voorbeeld.

1. ~~Jannik~~	heißen	einen Unfall.
2. Deine Nase und Ohren	tun	im Wartezimmer.
3. Leni	sein	nicht mehr.
4. Wie	verursachen	schlimm.
5. Nina	warten	weh.
6. Die Wunde	kleben	ihre Großmutter.
7. Mein Arm	~~haben~~	sich gesund.
8. Das Pflaster	fühlen	ganz rot!
9. Der Busfahrer	besuchen	~~einen Pickel auf seiner Nase.~~
10. Wir	bluten	dein Arzt?

1. *Jannik hat einen Pickel auf seiner Nase.*
2. ____
3. ____
4. ____
5. ____
6. ____
7. ____
8. ____
9. ____
10. ____

© Noordhoff Uitgevers

5.3 Hören

A2

Alexander is gek op Annika, de oudere zus van zijn klasgenoot Emma. Op een avond eet hij bij Emma. Alexander kan niet tegen scherpgekruid voedsel. Toch eet hij dat. **Luister** op de ▸Site naar *Hallo! Wer stinkt hier so?* en **kruis** steeds het juiste antwoord aan.

1. Annika is
   - O A altijd te laat.
   - O B nooit te laat.
   - O C soms te laat.

2. Annika heeft
   - O A alleen naar Alexander gevraagd.
   - O B alleen naar Colin gevraagd.
   - O C naar Colin en Alexander gevraagd.

3. Alexander en Colin zijn
   - O A broers.
   - O B dikke vrienden.
   - O C geen vrienden.

4. Alexander vindt zichzelf … ,
   omdat hij nu last van zijn darmen heeft.
   - O A dom / stom
   - O B onaantrekkelijk
   - O C zielig

5. Annika heeft … gehoord.
   - O A alles
   - O B een beetje
   - O C niets

6

6.1 Lied

a **Luister** op de ▸Site naar het lied *Morgens immer müde*. **Lees** de tekst mee in het ▸Textbuch, bron 6.

b **Lees** de tekst nog een keer. Vind je de manier waarop de personen in het lied leven gezond of ongezond? **Leg** je antwoord uit! ______________________________

____

c **Luister** nog een keer naar het lied en **zing** mee! Op de ▸Site vind je ook een karaokeversie!

6.2 Wörter

Ken je de belangrijkste signaalwoorden nog? **Vertaal** het woord dat voor de zin staat.

ten slotte	1. ____________ habe ich meine Oma im Krankenhaus besucht.
bovendien	2. Meine Oma hat eine Virusinfektion und ____________ hat sie die Grippe.
dus	3. Ich bin krank und kann ________ nicht mit dir ins Kino gehen.
als	4. ________ ich wieder gehen kann, komme ich zu dir!
of	5. Darfst du deinen Opa besuchen, ________ ist das nicht möglich?
maar	6. Ich habe Schmerztabletten, ________ sie helfen nicht.
omdat	7. Ich habe heute kein Deutsch, ________ unser Lehrer krank ist.
daardoor	8. Mein Knie tut weh und ______________ kann ich nicht Rad fahren.
want	9. Meine Tante kann nicht kommen, ________ mein Onkel hatte einen Unfall.
ook	10. Wir müssen________ noch zur Apotheke, Sandra!

oordhoff Uitgevers bv

☆ 6.3 Rätsel

Kun jij de rebus oplossen? **Gebruik** de tekeningen en **maak** een Duitse zin.

b = m | | bl = t | g = h

7 7.1 Lesen

A2

Aankomen door te weinig slaap? Hoe zit dat precies? **Lees** de tekst *Schlafmangel macht dick* in het **►Textbuch, bron 7**. **Kruis** de juiste zinnen aan.

○ 1. Onderzoekers weten pas sinds kort dat te weinig slaap leidt tot gewichtstoename.
○ 2. Onderzoekers verklaren de gewichtstoename door vetcellen met slaaptekort.
○ 3. Vetcellen die niet uitgeslapen zijn reageren hetzelfde als vetcellen die wel uitgeslapen zijn.
○ 4. Gewichtstoename door slaapgebrek gaat zo langzaam dat je het nauwelijks merkt.

7.2 Aussprache

a In de volgende opdracht ga je klanken herhalen door een nieuwsbericht voor te lezen. **Luister** op de **►Site** naar het nieuwsbericht en **lees** mee.

Immer mehr Vegetarier

Der Vegetarierbund sagt, dass immer mehr Menschen kein Fleisch essen. Jeder zehnte Deutsche isst kein Fleisch.

Manche Vegetarier essen außerdem keine Eier und Milchprodukte wie Milch, Joghurt und Käse. Leute, die kein Fleisch und keine Eier und Milchprodukte essen, werden Veganer genannt.

Wenn man Fleisch nicht verträgt, ist es ein Grund kein Fleisch zu essen. Aber die meisten Menschen essen kein Fleisch, weil sie finden, dass Tiere schlechte Lebensumstände haben. Sie wollen nicht, dass Tiere geschlachtet werden, um auf ihrem Teller zu landen.

Nach: www.kiraka.de

b **Maak** tweetallen. **Lees** om de beurt een zin uit het nieuwsbericht voor. **Help** en **verbeter** elkaar als dat nodig is!

© Noordhoff Uitgevers

8

8.1 Lesen

✪A2

Moet fastfood in scholen worden verboden? **Lees** de tekst *Cola und Wurstsemmel aus den Schulen verbannen?* in het ▸**Textbuch, bron 8**. **Beantwoord** de vragen in het Nederlands.

1. Wat vindt meneer Ebner? **Vat** zijn mening in het Nederlands samen. ______

______

2. Ben je het met hem eens? **Leg** je antwoord uit. ______

______

3. Zie jij nog een andere oplossing voor dit probleem? **Leg** je antwoord uit. ______

______

8.2 Hören

✪A2

a Luister op de ▸**Site** keer naar *Ärztehaus Kornwestheim* en vul de tabel in. Lees eerst de informatie in het kader.

Zum Arzt in Deutschland
Als je in Duitsland last van je ogen hebt, dan ga je direct naar de oogarts (*Augenarzt*). Als je huidproblemen hebt, dan ga naar een huidarts (*Hautarzt*). Als je klachten in je spieren of botten hebt, word je door een orthopeed (*Orthopäde*) behandeld. Voor keel-, neus- en ooraandoeningen kun je bij een kno-arts (*Hals-, Nasen-, Ohrenarzt*) terecht. Je gaat dus direct naar de specialist en je hoeft niet eerst naar de huisarts voor een doorverwijzing.

doorkies-nummer	naam arts	specialisme
11	Sibel Aykol	
12		huidarts
13	Dr. Schmid-Weber	
14	Dr. Gül	
15	Dr. Müller / Dr. Laus	
16	-	psycholoog

b Wat gebeurt er als je doorkiesnummer 17 kiest? **Schrijf** je antwoord in het Nederlands op.

______

Noordhoff Uitgevers bv

8.3 Grammatik: het voltooid deelwoord van sterke werkwoorden

a In dit hoofdstuk leer je een aantal nieuwe voltooid deelwoorden. De voltooid deelwoorden van de volgende sterke werkwoorden moet je net als die in de vorige hoofdstukken leren. **Luister** op de **▸Site** naar *Starke Verben 3* en **spreek** de werkwoorden na.

aanraden	empfehlen	er hat empfohlen
bewegen	bewegen	er hat bewogen
breken	brechen	er hat gebrochen
dwingen	zwingen	er hat gezwungen
liggen	liegen	er hat gelegen
lopen, hardlopen	laufen	er ist gelaufen
schieten	schießen	er hat geschossen
schijnen	scheinen	er hat geschienen
slaan	schlagen	er hat geschlagen
snijden	schneiden	er hat geschnitten
stoten / duwen	stoßen	er hat gestoßen
trappen	treten	er hat getreten
vallen	fallen	er ist gefallen
wassen	waschen	er hat gewaschen
zwijgen	schweigen	er hat geschwiegen

b Deze jongeren hebben allemaal pech! **Vertaal** de woorden in de kantlijn in het Duits.

heeft gesneden — 1. Oskar ____________ sich in den Finger ____________________.

heeft gestoten — 2. Till ____________ seinen Kopf ____________________.

heeft geslagen — 3. Nils ____________ sich auf den Daumen ____________________.

heeft gebroken — 4. Florian ____________ seine Nase ____________________.

is gevallen — 5. Zoe ____________ ____________________.

heeft getrapt — 6. Toms Fuß tut weh. Jemand ____________ ihm auf den Fuß ____________.

c **Vul** de juiste vorm van *haben* of *sein* in en **maak** van het woord tussen haakjes een voltooid deelwoord.

1. Der Arzt ____________ mir eine Kur ____________________ (aanraden).
2. Die Klasse ____________ fünf Minuten ____________________ (zwijgen).
3. Charlotte war krank und ____________ einen Monat im Bett ____________________ (liggen).
4. Die Sonne ____________ mir in die Augen ____________________ (schijnen).
5. Die Mutter ____________ Amy zu einer Woche Bettruhe ____________________ (dwingen).
6. Die Krankenschwester ____________ Manfreds Rücken ____________________ (wassen).
7. ____________ ihr zehn Kilometer ____________________ (lopen)?
8. Karin ____________ ein Tor ____________________ (schieten).

© Noordhoff Uitgevers

9

9.1 Witz

a **Bekijk** de mop in het ▸**Textbuch, bron 9**. **Vertaal** wat de vrouw zegt in het Nederlands.

____

b Wat denkt de man uit de mop? **Schrijf** een zin in het Duits op.

____

9.2 Spiel

Je gaat het spel *Die meisten Wörter* spelen. **Lees** eerst de volgende informatie.

Uitleg:
De klas wordt in groepjes van drie of vier leerlingen verdeeld. Elke leerling heeft een woordenboek N-D nodig. Maak een zo lang mogelijke reeks Duitse woorden. Alle woorden moeten met het onderwerp 'het menselijk lichaam' te maken hebben.
Aan het voorbeeld kun je zien, hoe je zo'n reeks maakt: je kiest een woord, zoekt een ander woord dat begint met de letter waarop het eerste woord eindigt enzovoort.
Welk groepje maakt in tien minuten de reeks met de meeste woorden en wint dit spel?

Voorbeeld:
In het Nederlands: mon**d** – **d**arme**n** – **n**eu**s** – **s**chouder

9.3. Grammatik: Sprechen

Werk in tweetallen. A **leest** de eerste zin voor en **gebruikt** daarin de tekening. B begint zijn zin met *Gestern*, **zet** die zin in de voltooide tijd en **gebruikt** dezelfde tekening. **Wissel** na elke zin van rol. **Lees** eerst het voorbeeld.

	A	B
	Beispiel: Ich bleibe ... *Ich bleibe zu Hause.*	Gestern ... *Gestern bin ich zu Hause geblieben.*
	Die zweite Stunde fängt um … an.	Gestern …
	Anna trägt ein …	Gestern …
	Sprecht ihr über meinen … ?	… gestern … ?
	Wir treffen uns vor dem …	Gestern …
	Die Mädchen ziehen … an.	Gestern …
	Frau Richter verliert ihr …	Gestern …

Noordhoff Uitgevers bv

10 10.1 Lesen

A2

Lees de tekst *Verliebt sein ist für den Körper purer Stress* in het **▸Textbuch, bron 10**. **Kruis** steeds aan of de zin *richtig* of *falsch* is.

r	f	
O	O	1. Alles lijkt mooier als je verliefd bent.
O	O	2. Je wordt zenuwachtig van alle berichten op je telefoon.
O	O	3. Je stemming wisselt steeds.
O	O	4. Je lichaam is na een week doodop.
O	O	5. Serotonine is schadelijk voor het lichaam.
O	O	6. Verliefde mensen zijn bang dat de verliefdheid overgaat.
O	O	7. De vlinders in je buik zijn je alles waard.

10.2 Rätsel

a **Maak** van de zestien korte woorden acht langere en **schrijf** ze op. **Gebruik** een woordenboek.

Harmonika – Blatt – Schuh – Augen – Hand – Haut – Schulter – Kater – Farbe – Hosen – Tropfen – Muskel – Bad – Mund – Fuß – Bein

Deutsch	Niederländisch
________________	________________
________________	________________
________________	________________
________________	________________
________________	________________
________________	________________
________________	________________
________________	________________

b **Vertaal** nu de woorden in het Nederlands. **Gebruik** een woordenboek.

© Noordhoff Uitgevers

10.3 Wörterliste B

a De volgende woorden hebben met gezondheid te maken. **Lees** de woorden een keer goed door

	DER-woorden
de uitslag (van een onderzoek) de bloedsomloop de pijn de ziekenauto	der Befund der Kreislauf der Schmerz der Krankenwagen
	DIE-woorden
de gezondheid de ziekte de bijwerking de pijnstiller de verwonding, de blessure de wond	die Gesundheit die Krankheit die Nebenwirkung, **die** Nebenwirkungen die Schmerztablette die Verletzung die Wunde
	DAS-woorden
het medicijn de koorts het ziekenhuis het leven de pleister het recept de wachtkamer	das Arzneimittel das Fieber das Krankenhaus das Leben das Pflaster das Rezept das Wartezimmer
	OVERIGE WOORDEN
besmetten gehandicap bleek inenten verzorgen onderzoeken weer gezond worden slikken	anstecken behindert blass impfen pflegen untersuchen sich erholen schlucken

b **Vul** in elke zin een woord uit de woordenlijst is.

1. Ich habe mich in den Finger geschnitten. Hast du ein ______________________?
2. Malaria ist eine gefährliche ______________________.
3. Hat der Arzt dir ein ______________________ gegen die Schmerzen gegeben?
4. Die Körpertemperatur ist 39,3 Grad. Du hast hohes ______________________.
5. Peter sitzt in einem Rollstuhl; er ist ______________________.
6. Diese Medizin hat viele ______________________, zum Beispiel Kopfschmerzen.
7. Mein Onkel hat eine Lungenentzündung und liegt im ______________________.
8. Du siehst ______________________ aus. Geht es dir nicht gut?

c **Leer** nu de woorden Nederlands-Duits en Duits-Nederlands. Je kunt de woorden ook oefenen op de ▸**Site**.

Noordhoff Uitgevers bv

11 11.1 Lesen

A2

Je gaat iets over de vakantiewensen van vier personen lezen. Ze houden allemaal van een wellnessvakantie. **Lees** eerst hun onderstaande vakantiewensen en **lees** daarna de tekst *Wellnesswelten* in het ▸**Textbuch, bron 11**. Welke advertentie uit het tekstboek past het beste bij deze personen? Voor één persoon is er geen advertentie. **Vul** de tabel in.

Mein Vater ist Bauarbeiter. Die Hochsaison im Bau ist jetzt vorbei. Wir fahren endlich in die Ferien. Wir lieben Wellnessurlaub. Immer gehen wir Schwimmen und in die Sauna. Seit ich ich vier bin, gehe ich mit. Mir gefällt das sehr. Nach der Wellness sind wir hungrig und essen dann am liebsten eine kräftige Mahlzeit mit Fleisch, Kartoffeln und Gemüse. Meine Eltern trinken dazu gern ein kaltes Bier.

Meine Mutter liebt Wellnessurlaub. Sie hat eine stressige und hektische Arbeit. Deshalb möchte sie im Urlaub vor allem relaxen und den ganzen Tag nichts tun. Der Reiseort ist ihr nicht so wichtig. Deshalb darf ich immer wählen, wohin wir fahren. Hauptsache: Das Hotel ist luxuriös.

Mein Onkel Niko ist Fernfahrer *(vrachtwagenchauffeur)*. Oft arbeitet er 14 Tage durch ohne Pause. Danach macht er meistens einen kurzen Urlaub in den Bergen. Denn er liebt die Berge und die gute Luft. Er möchte sich entspannen und sich verwöhnen *(verwennen)* lassen. Außerdem isst er gern Süßes: Schokolade, Kekse, Torte und Kuchen.

Meine Schwester Nadja ist sieben Jahre älter als ich. Sie arbeitet schon. Ihren Urlaub plant sie immer in meinen Ferien, sodass wir zusammen wegfahren können. In unserem Urlaub unternehmen wir viel. Wir gehen ins Museum oder besuchen eine Burg oder ein Schloss. Wellnessangebote im Hotel sind uns auch wichtig, aber nur relaxen, mögen wir nicht. Einen Tag aktiv sein und dann auch wieder entspannen und nichts tun, so sieht unser idealer Urlaub aus.

advertentie tekstboek	hoort bij
Wellness auf der Alm	
Königlich entspannen	
Bierwohlfühl-Wochenende	

© Noordhoff Uitgevers

12

12.1 Sprechen

a **Bekijk** de tekening in het ▶**Textbuch, bron 12**. **Zoek** daarop vijf dingen die je in het echt nooit ziet. **Vertel** hierover in het Nederlands aan je buurman/buurvrouw.

b **Zoek** in de tekening naar antwoorden op de volgende vragen en **vertel** ze in het Duits aan je buurman/buurvrouw. **Wissel** na elke vraag van rol. **Controleer** elkaars antwoorden.

1. Wie viel Obst und Gemüse muss man essen?
2. Wie viele Leute sind im Wartezimmer?
3. Siehst du den Mann, der erkältet ist? Beschreibe ihn!
4. Siehst du die junge Frau, die einen Unfall gehabt hat? Beschreibe sie!

c In de woordslang staan negen woorden die je op de tekening in het ▶**Textbuch, bron 12** ziet. **Zoek** ze op en **kleur** ze. **Schrijf** de letters die overblijven achter elkaar. Welk woord staat er en wat betekent dit in het Nederlands?

____________________ – ____________________

12.2 Grammatik: verleden tijd *werden*

a In deze opdracht leer je de verleden tijd van *werden*. **Lees** de vormen in het kader.

worden	*werden*
ik werd	ich wurde
jij werd	du wurdest
hij/zij/het werd	er/sie/es wurde
wij werden	wir wurden
jullie werden	ihr wurdet
zij werden	sie wurden
u werd	Sie wurden

b **Vertaal** de werkwoorden in het Duits.

werd	1. Letztes Wochenende ____________ ich krank.
werden	2. ____________ ihr gestern Abend abgeholt?
werd	3. Lars ____________ 2002 geboren.
werd	4. In welchem Krankenhaus ____________ Sie operiert?
werden	5. Wir ____________ schon um sieben geweckt!
werd	6. ____________ du ins Krankenhaus gebracht?
werden	7. ____________ deine Hausaufgaben kontrolliert?
werden	8. Fatima und Jan ____________ von ihren Freunden angesteckt.

ordhoff Uitgevers bv

12.3 Hören

A2

Doris denkt vaak dat ze een ernstige ziekte heeft, terwijl haar niets mankeert. **Luister** op de **▸Site** naar *Na?! Sehen Sie? Ich bilde mir nichts ein.* **Zet** de tekeningen in de juiste volgorde. **Let** op: één tekening hoort er niet bij. **Vul** de antwoordkolom in.

A

B

C

D

E

1.	
2.	
3.	
4.	

13 13.1 Plauderecke A

a Luister op de **▸Site** naar *Plauderecke A*. **Lees** mee in het **▸Textbuch, bron 13**.

b Lees *Plauderecke* A in het **▸Textbuch, bron 13** nog een keer goed door.

c Werk in tweetallen. Jij **vertaalt** de vragen in het Duits en een klasgenoot **geeft** antwoord. **Wissel** daarna van rol.

Du	**Dein(e) Nachbar(in)**
Heb je hoofdpijn?	*Nein,*
Heb jij morgen om 9.30 uur een afspraak bij de dokter?	*Nein,*
Eet jij elke dag fruit?	...
Wil je (*deine*) moeder, dat je elke dag vitaminetabletten neemt?	...
Speel jij voetbal?	*Nein,*

d Leer nu *Plauderecke A.*

© Noordhoff Uitgeve

13.2 Examentraining

Schnelles Essen

(1) Um das schnelle Essen wird so hart gefochten wie nie zuvor. Gerade McDonald's musste das lernen. Im Rekordtempo hatte die Kette viele neue Filialen eröffnet – und dabei die Qualitätskontrolle schleifen lassen. 'Wir haben die Fritten aus den Augen verloren', gab McDonald's-Chef Cantalupo zu. Seine Reaktion: Die Wachstumsprognosen und die Zahl der Restaurant-Neueröffnungen wurden zurückgeschraubt. Außerdem wies Cantalupo seine Filialleiter an, die Tische und Toiletten häufiger zu putzen. Es gab zu viele Kundenbeschwerden, und die Konkurrenz gewann den Kampf um die Fleischtöpfe.

(2) Und es gibt noch ein weiteres Problem für die Frikadellenbrater: Ausgerechnet im Heimatland des Fastfood kommt zwar nicht das schnelle, aber das ungesunde Essen aus der Mode. Die Branche tut im Augenblick gut daran, so viel gesunde Produkte wie möglich anzubieten und sich gesundheitsbewusst zu geben.

(3) Doch wie können Fastfood-Ketten wie McDonald's das leisten? 'Wenn ich einen Burger kaufe, drücke ich erst mal die Brötchen zwischen ein paar Servietten aus', meint Marie, eine Kundin in einem 24-Stunden-McDonald's in New York. 'Dann ist es nicht so fettig.' Marie geht ohnehin nur noch zwei- bis dreimal im Monat zu McDonald's – schließlich gibt es für Leute wie sie, die auf ihre sportliche Figur achten, längst eine ganz andere Klasse von Fastfood-Restaurants die ähnlich schnelle Kost anbieten wie die traditionellen Hamburger-Lokale, aber oft nahrhafter und gesünder.

(4) Der Trend ist längst auch in Deutschland angekommen. Auch hierzulande wollen die Menschen zwar immer schneller essen – aber nicht nur in deutschen Currywurst-Buden und Burger-Lokalen amerikanischer Machart. Genau dieses Bedürfnis bedienen immer mehr spezialisierte Anbieter: Zahlreiche kleinere Ketten und Einzelgastronomen eröffnen schnelle Sandwichladen, Nudelbars oder Suppenküchen.

Aus: vmbo KB 2012-II

a **Lees** de volgende vragen **schrijf** de vertaling eronder op.

1. Welchen Fehler hat Restaurant-Kette McDonald's gemacht? (Absatz 1)

   ____

   - O A Sie hat ihrem Personal zu viel Freiheit gegeben.
   - O B Sie hat sich zu wenig um ihre Produkte gekümmert.
   - O C Sie hat wichtige Gesetze und Vorschriften verletzt.
   - O D Sie hat zu viel an der Einrichtung ihrer Gebäude gespart.

2. Welcher Titel passt zum 2. Absatz?

   ____

   - O A Ein neuer Trend
   - O B Sich mehr Zeit zum Essen gönnen
   - O C Zunahme der Vegetarier

3. Was kann man aus dem 4. Absatz schließen?

   ____

   - O A Es gibt immer mehr Konkurrenz in der Fastfood-Branche.
   - O B Fastfood ist aus der Mode geraten.
   - O C Im Ausland isst man weniger Fastfood als in Deutschland.
   - O D Traditionelle Fastfood-Ketten haben neue Ideen.

b **Beantwoord** de vragen van opdracht **a**. Ze gaan over de tekst *Schnelles Essen*. **Lees** eerst nog een keer de tips over het beantwoorden van meerkeuzevragen in het **Arbeitsbuch, Seite 53.**

ɔrdhoff Uitgevers bv

14

14.1 Aussprache

a Joris is bij zijn oma op bezoek. Hij maakt zich zorgen. **Lees** het gesprek *Flugzeuge in meinem Bauch* in het **▸Textbuch, bron 14** samen met een klasgenoot. **Verdeel** de rollen. **Let** op de uitspraak.

b **Vervang** de schuingedrukte woorden door woorden uit het gesprek in het tekstboek die ongeveer hetzelfde betekenen. **Schrijf** het hele gesprek op.

Du	**Dein(e) Nachbar(in)**
Was fehlt dir denn?	*Ich weiß nicht.*
Warum schaust du so nervös auf dein Handy?	Einfach so.
Du hast ein paar Kilo weniger drauf, oder?	*Kann sein, ja.*
Was ist los?	Ich habe *Schmetterlinge* in meinem Bauch.
Wirklich? Wen magst du?	Meinen Nachbarn.
Klasse! Mag er dich auch?	Ich hoffe es. *Er meldet sich nicht bei mir.*
Keine Panik. Das wird er schon machen.	Das denke ich mir auch.

______________________ ______________________

______________________ ______________________

______________________ ______________________

______________________ ______________________

______________________ ______________________

______________________ ______________________

______________________ ______________________

c **Voer** met een klasgenoot het gesprek dat je bij opdracht **b** hebt opgeschreven.

15

15.1 Plauderecke B

a **Luister** op de **▸Site** naar *Plauderecke B*. **Lees** mee in het **▸Textbuch, bron 15**.

b **Lees** *Plauderecke B* in het **▸Textbuch, bron 15** nog een keer goed door.

c **Werk** in tweetallen. A **stelt** een vraag en **B** beantwoordt die. **Gebruik** de steekwoorden.

A	**B**
1. Halsschmerzen?	Muskeln – weh
2. Beschwerden?	Woche
3. Heuschnupfen?	Tabletten und
4. Schmerzen – deinem rechten Fuß?	Nein, linken Hand
5. allergisch – Gräserpollen	weiß – nicht
6. helfen – Schmerztabletten?	lieber nicht

d **Leer** nu *Plauderecke B*.

© Noordhoff Uitgev

15.2 Sprechen

Kijk nog eens naar de tekening in het ▸**Textbuch, bron 12**. Je ziet in de wachtkamer een oude mevrouw zitten, zij praat met het meisje dat er erg ziek uitziet (gesprek 1). In de spreekkamer is de dokter in gesprek met een jongen (gesprek 2). **Speel** één van deze gesprekken met je buurman/buurvrouw. Het begin en einde is gegeven. **Bedenk** zelf minstens twee zinnen. **Gebruik** *Plauderecke A* en *Plauderecke B*.

Gesprek 1

Du	Dein(e) Nachbar(in)
Wie geht es dir?	Es geht mir nicht so gut.
...	...
Machst du Sport?	Ja, ich spiele Fußball und Tennis.

Gesprek 2

Du	Dein(e) Nachbar(in)
Was fehlt dir?	Ich habe Halsschmerzen und meine Muskeln tun weh.
...	...
Leg dich mal hin! Ich muss dir sofort helfen.	Ich will weg hier!

15.3 Hören

✪A2

a Enver Sahin heeft tijdens de skivakantie in Oostenrijk een ongelukje gehad. Zijn vader belt met de zorgverzekering. **Luister** op de ▸**Site** naar *Skiunfall?* en **kruis** steeds aan of de zin *richtig* of *falsch* is.

r	f	
O	O	1. Enver Sahin heeft een skiongeluk gehad.
O	O	2. Enver heeft een blessure aan zijn arm.
O	O	3. De zorgverzekeraar vergoedt alle zorgkosten, tenzij je in een privékliniek wordt behandeld.
O	O	4. De zorgkosten moeten ter plekke betaald worden.
O	O	5. Meneer Sahin is tevreden over het gesprek met de zorgverzekering.

b Wat is het misverstand tussen meneer Sahin en mevrouw Kramer? **Antwoord** in het Nederlands.

____

____

ordhoff Uitgevers bv

15.4 Grammatik: voltooid deelwoord van sterke werkwoorden

Maak van het werkwoord in de kantlijn een voltooid deelwoord.

waschen	1. Meine Mutter hat die Skibekleidung ______.
schneiden	2. Hast du dich in den Finger ______?
empfehlen	3. Diesen Hustensaft hat der Arzt mir ______.
schlagen	4. Er hat den Ball in mein Gesicht ______.
liegen	5. Ich habe drei Wochen im Bett ______.
zwingen	6. Die Krankenschwester hat uns ______.
brechen	7. Meine Oma hat ihren Arm ______.
stoßen	8. Der Chirurg hat sich ______.
fallen	9. Die Assistentin ist im Wartezimmer ______.
laufen	10. Seid ihr die ganze Strecke ______?

16

16.1 Blog

a Johanna is tien jaar. Ze schrijft op haar blog persoonlijke stukjes. Vandaag is ze boos. **Lees** *Blog* in het **▸Textbuch, bron 16**. **Beantwoord** de vragen in het Nederlands.

1. Wat vraagt Johanna aan haar broer?

______

2. Wat schrijft Joachim terug?

______

3. Wat voor ziekte had Johanna? ______
4. Hoe reageren Joachim en zijn vrienden, als Johanna in de woonkamer staat?

______

5. Wie heeft Johanna's probleem opgelost? ______

© Noordhoff Uitgev

b Vertaal de volgende zinnen in het Duits. De zinnen staan niet letterlijk in het blog.

1. Ik ben boos en schrijf jullie (*euch*) wat er is gebeurd (= gebeurd is).

   ____

2. Ik was ziek en mag mij niet opwinden.

   ____

3. De zes vrienden (*Freunde*) in de (*im*) woonkamer hebben gelachen.

   ____

4. Ik was bang en heb me onder het dekbed verstopt.

   ____

5. Ik ben blij, dat (*dass*) ik nu rustig kan slapen (= slapen kan).

   ____

16.2 Rätsel

a In elk woord staat een letter te veel. **Schrijf** die letter op.

1. Wartewzimmer ____	8. Apothekte ____
2. Krankheeit ____	9. Hausarzts ____
3. impfien ____	10. Herzpatzienten ____
4. Schmerszen ____	11. Zahanarzt ____
5. Gesuhndheit ____	12. Krankenhaush ____
6. Krankenpfleeger ____	13. Ohrenentzünndung ____
7. Grippie ____	

b Schrijf alle gevonden letters achter elkaar. Welk woord staat er nu? En wat betekent dat in het Nederlands? ____________________ - ____________________

©Noordhoff Uitgevers bv

17

17.1 Schreibecke

A2

a **Lees** de *Schreibecke* in het ▶Textbuch, bron 17 goed door.

b Stel je voor, jij leest regelmatig de blog van Johanna en je wilt reageren. **Schrijf** een reactie. **Gebruik** de *Schreibecke* en de *Blog* in het ▶Textbuch, bron 16. **Gebruik** ook een woordenboek. **Schrijf** in je reactie het volgende:

- begin met een aanhef;
- schrijf: *Entschuldiguing*, *aber* ik heb hard gelachen;
- schrijf: Dat was een goede grap;
- schrijf: Ik moet die grap onthouden;
- schrijf: Eigenlijk ben je toch (*doch*) weer gezond;
- vraag: Mag je van de dokter sporten?;
- vraag: Slaap je nog veel?;
- schrijf: Pas op dat je niet verkouden wordt;
- schrijf: Ik verheug me op je blog van morgen.
- sluit je bericht af met een groet en je naam.

____

____

____

____

____

____

____

____

c **Leer** nu de *Schreibecke*.

17.2 Hören

A2

Je gaat naar reclames voor geneesmiddelen luisteren. **Luister** op de ▶Site naar *Radiowerbung* en **zoek** bij elk geneesmiddel twee tekeningen die erbij horen. **Schrijf** de letters die bij de tekening staan achter het geneesmiddel.

1. 

____

3. 

____

2. 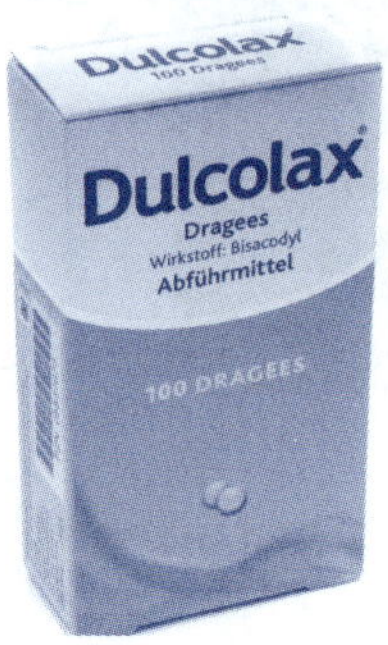

____

4. 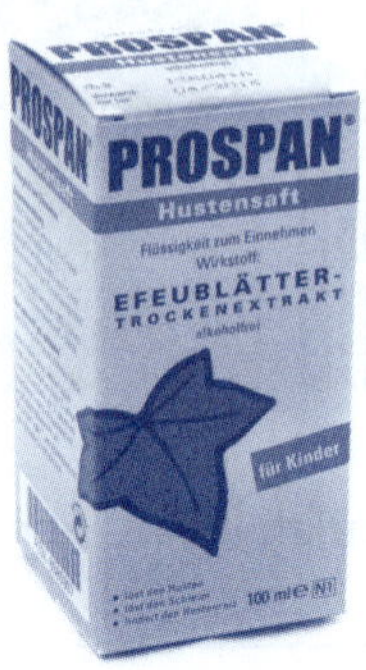

____

© Noordhoff Uitgeve

A

B

C

D

E

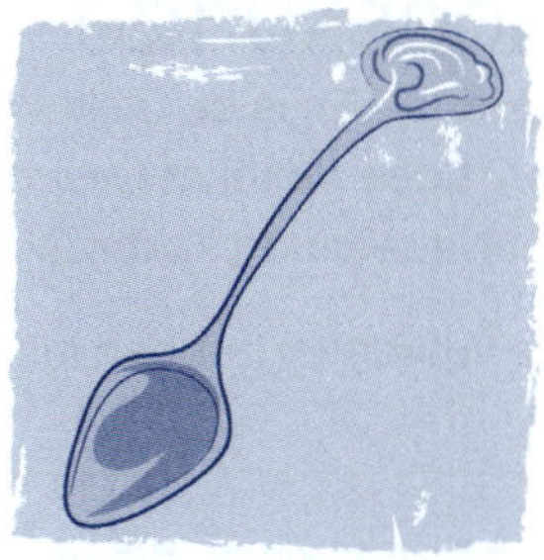

F

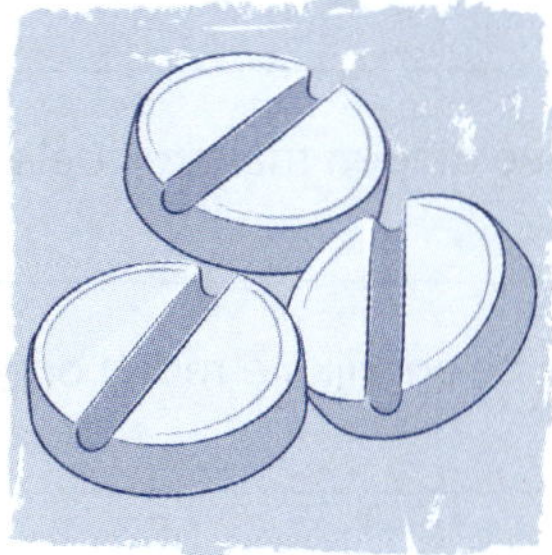

G

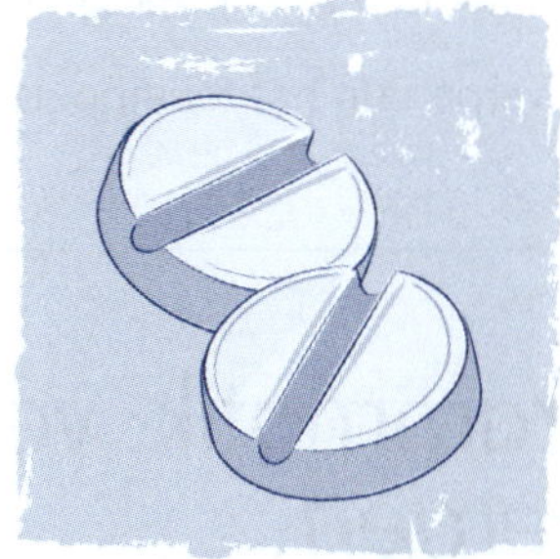

H

17.3 Plauderecke A und B

A2

Werk in tweetallen. **Voer** het gesprek met een klasgenoot. **Wissel** daarna van rol.

Du	**Dein(e) Nachbar(in)**
Wat is er met je aan de hand?	Mijn spieren doen pijn.
Doe je aan sport?	Nee, maar ik ga met de fiets naar school.
Heb je koorts?	Nee, ik ben gewoon niet lekker.
Heb je al een afspraak bij de dokter?	Nee, ik zal *auch keinen* afspraak maken.
Warum nicht?	*Ich muss mich einfach* enkele dagen rustig houden.
Ach so.	*Wie geht's deinem Fuß?*
Gut. Jetzt habe ich pijn aan mijn linkerhand.	*Ach!*

Noordhoff Uitgevers bv

18

18.1 Landeskunde

a Is jodelen gezond? En is de melk van een koe uit de Alpen gezonder dan de melk van een koe uit de polder? **Lees** de tekst *Gesund in Österreich* in het ▸**Textbuch, bron 18**. **Beantwoord** de vragen in het Nederlands. **Gebruik** een woordenboek.

1. Welke drie voordelen hebben lokalen die helemaal met hout zijn ingericht?

____

2. Hoe komt het dat koeien die op een alpenweide grazen betere melk geven?

____

3. Welke twee dingen maken jodelen zo leuk?

____

4. Wat is de belangrijkste reden om te gaan skiën?

____

b Stel je voor, je moet gezonder gaan leven. Wat zou jij dan het liefst gaan doen? **Kies** één van de vier onderwerpen uit het tekstboek. **Leg** je antwoord uit. ______________________________

____

18.2 Grammatik: verleden tijd *haben, sein* en *werden*

a **Zet** het onderstreepte werkwoord in de verleden tijd. **Lees** eerst het voorbeeld.

Voorbeeld: Lea wird plötzlich krank. *wurde*

1. Ich werde krank. ______________
2. Anna hat sich verletzt. ______________
3. Joachim wird verliebt. ______________
4. Ich bin nervös. ______________
5. Sina wird operiert. ______________
6. Auf der A1 ist ein Unfall passiert. ______________
7. Hast du eine Zahnspange? ______________
8. Die Wunde ist schmerzhaft. ______________
9. Mein Zeh ist gebrochen. ______________
10. Seid ihr im Krankenhaus? ______________

© Noordhoff Uitgevers

b **Vul** het krantenbericht aan met de juiste vorm van de verleden tijd. Tussen haakjes staat de Nederlandse vertaling.

VÖCKLAMARKT. Mädchen **(1)** (*werd*) __________ auf einem Parkplatz geboren. Für Mama Daniela (23) **(2)** (*was*) __________ es die erste Geburt. Um 21:30 Uhr **(3)** (*had*) __________ sie beim Roten Kreuz angerufen. Sie **(4)** (*werd*) ______________ mit dem Krankenwagen ins Krankenhaus gefahren.

Bei einem Parkplatz mussten sie aber anhalten (*stoppen*). Der Kopf des Kindes **(5)** (*was*) __________ schon zu sehen. Die Krankenpfleger **(6)** (*hadden*) ______________ noch einen Notarzt angerufen. Er **(7)** (*had*) __________ bei der Geburt assistiert. Um 22:10 Uhr **(8)** (*werd*) _____________ Hannah geboren. Sie **(9)** (*was*) __________ gesund. Mutter und Kind **(10)** (*werden*) ______________ zur Kontrolle noch ins Krankenhaus gebracht. In der Geburtsurkunde von Hannah steht als Geburtsort: 'Bundesstraße 1, Vöcklamarkt, Rettungsauto'.

Nach: www.nachrichten.at

18.3 Landeskunde

In dit hoofdstuk heb je veel geleerd over gezondheid. In de volgende opdracht ga je daarmee aan de slag. **Kleur** de eerste zin in de linkerkolom. **Geef** een woord uit de kolom *Antwort* dat bij die zin past dezelfde kleur. **Gebruik** voor elke nieuwe zin (en het antwoord dat daarbij hoort) een andere kleur.

Satz	**Antwort**
Hier zijn de lucht, het water of de grond gezond.	Bioladen
Dat is een rivier in Oostenrijk.	Kurort
In deze winkel worden alleen biologische producten verkocht.	Salzburg
In deze stad is Mozart geboren.	Holz
Met dat materiaal is een klaslokaal in een Oostenrijks dorp ingericht.	Bionade
Dat is een frisdrank in verschillende smaken.	Donau

☆ Portfolio

Actief zijn en goed eten en drinken zijn belangrijk voor een gezond leven. Maar dat lukt niet elke dag. Soms heb je zin in een lekkere vette hap of een reep chocola. Bij de volgende opdracht kun je beide kanten – gezond en ongezond – laten zien.

Als je deze opdracht gedaan hebt, dan kun je:

✪A1 Sprechen	in eenvoudige, korte zinnen vertellen over ervaringen, gebeurtenissen, activiteiten.
✪A2 Schreiben	in korte, eenvoudige zinnen vertrouwde zaken beschrijven.

a **Maak** een overzicht van wat jij zou eten en drinken op een heel gezonde en op een heel ongezonde dag. **Schrijf** voor elk dagdeel twee dingen in het Duits in de tabel.

super gesunder Tag	super ungesunder Tag
morgens:	morgens:
mittags:	mittags:
abends:	abends:

b **Maak** één foto van je gezonde dag en één foto van je ongezonde dag. **Laat** beide foto's in de klas zien en **beschrijf** in één zin in het Duits wat je op die foto ziet, bijvoorbeeld:

Ich trinke ein Glas Milch.

Ich esse einen Mega-Hamburger.

Documenten voor het portfolio:
- tabel
- foto's

© Noordhoff Uitgevers

Op de ►Site www.trabitour.noordhoff.nl vind je:

- een handig programma om woordjes mee te oefenen
- een handig programma om alle grammatica te oefenen
- filmpjes om je kijk- en luistervaardigheid te trainen
- leuke webquests
- *Wimmelbilder:* zoekplaten waarmee je ook Duits leert
- een oefentoets
- alle luistervaardigheid en de *Lieder* met een karaokeversie
- oefeningen met de *Plauderecke* en de *Schreibecke*

Op naar de toets!

Wat moet je kennen en kunnen voor de toets over *Kapitel* 15?

- ○ *Lernecke* **►Textbuch**
- ○ *Plauderecke A* en *Plauderecke B* **►Textbuch, bron 13** en **15**
- ○ *Schreibecke* **►Textbuch, bron 17**

Er worden ook vragen gesteld over de *Landeskunde* van dit hoofdstuk. Leer opdracht **18.3.**
Er zitten ook een lees- en een luisteropdracht in de toets. Hiervoor kun je niets voorbereiden.

Noordhoff Uitgevers bv

E Wiederholung Kapitel 13, 14 und 15

In dit herhalingshoofdstuk staan:
- herhalingsoefeningen (H-opdrachten)
- oefeningen voor leerlingen die Duits moeilijk vinden (D-opdrachten)

Alle opdrachten gaan over de *Kapitel* 13-15. Weet je de antwoorden bij de opdrachten niet, kijk dan in de *Kapitel* 13-15.

H1 Grammatik: werkwoorden

Vul in het volgende gesprek steeds de juiste vorm van het werkwoord in.

Mia: Hallo Aline!

Aline: Hallo Mia!

Mia: Wie 1. (gehen) ______________ es dir?

Aline: Super! Ich 2. (sein) ______________ gestern im Kino gewesen.

Mia: Welchen Film 3. (haben) ______________ du gesehen?

Aline: Ich habe den Film 'Großstadtklein' gesehen.

Mia: Wie hat dir der Film gefallen?

Aline: Der Film 4. (haben) ______________ mir gut gefallen. Es 5. (sein) ______________ eine Komödie.

Mia: Wie 6. (heißen) ______________ die Schauspieler?

Aline: Die Frau heißt Jytte Merle Böhrnsen und der Mann 7. (heißen) ______________ Jacob Matschenz.

Mia: Wovon handelt der Film?

Aline: Es geht um einen Jungen. Er heißt Ole und 8. (wohnen) ______________ auf dem Land.

Mia: Was macht er dort?

Aline: Da 9. (genießen) ______________ er das Leben. Er 10. (machen) ______________ nichts.

Mia: Und dann?

Aline: Dann besorgt ihm sein Opa einen Praktikumsplatz in Berlin. Ole 11. (können) ______________ bei seinem Cousin Rokko wohnen. Rokko 12. (mögen) ______________ Ole aber nicht.

Mia: Gibt es in diesem Film keine Mädchen?

© Noordhoff Uitgevers

Aline: Doch! Ole lernt Frizzi, ein hübsches Mädchen, kennen.

Mia: Ja, und?

Aline: Plötzlich 13. (bekommen) ______________ Ole einen Anruf: Sein Opa ist tot. Er 14. (müssen) ______________ zur Beerdigung auf dem Land.

Mia: Was passiert dann?

Aline: Das erzähle ich nicht. Ich kann das Ende doch nicht verraten!

Mia: Ich wollte was anderes fragen. 15. (wollen) ______________ wir morgen in die Stadt gehen?

Aline: Ja, toll. Wann?

Mia: Um 14:00 Uhr? Dann 16. (können) ______________ wir shoppen gehen.

Aline: Super! Bis morgen!

Mia: Bis morgen!

H2 Grammatik: werkwoorden in de verleden tijd

In zes zinnen staat een fout in het werkwoord. **Onderstreep** de fouten en **verbeter** ze.

1. Meine Oma hattet einen Klingelton von DJ Tiësto. ______________
2. Die Kamera warst kaputt. ______________
3. Die Gebühren waren € 100,- pro Monat. ______________
4. Die Daten wart schon wieder verloren gegangen. ______________
5. Ich hatte im Internet eine schöne Jacke gefunden. ______________
6. War du mal in Berlin? ______________
7. Ich hattest meinen Computer gesichert. ______________
8. Hattet ihr die Daten gelöscht? ______________
9. Wir haten dir die E-Mail gestern schon geschickt. ______________
10. Leon hatte mir die Nummer von Marco gesimst. ______________

H3 Grammatik: voltooid deelwoord van sterke werkwoorden

Maak de juiste combinatie, zodat goede zinnen ontstaan. **Vul** de antwoordbalk in en **maak** van het voltooid deelwoord de juiste vorm. **Kijk** goed naar het voorbeeld bij zin 1 – G.

1. Wir sind zu spät. Der Film hat angefangen
2. Jonas kann nicht laufen. Er hat __________
3. Wo ist mein Schlüssel? Ich habe __________
4. Ich war müde. Ich habe __________
5. Bayern München hat __________
6. Post! Jana hat mir __________
7. Die Sängerin Lena hat gestern __________
8. Hast du das Buch __________
9. Meine Oma war krank. Sie hat __________
10. Letzte Woche haben wir selber __________

A Medikamente (nehmen).
B sein Bein (brechen).
C einen Brief (schreiben).
D das Spiel (gewinnen).
E Pizza gemacht und (essen).
F neun Stunden (schlafen).
G um 20:00 Uhr (anfangen).
H ihn (verlieren).
I (lesen)?
J sehr gut (singen).

1.	G								
2.									

H4 Rätsel

a **Bekijk** de tekeningen en **lees** de spreekballonnen die daarop zijn te zien. **Lees** daarna de tekstballonnen: het zijn vreemde opmerkingen van klanten of personeel. **Schrijf** steeds in de tekstballon welke tekening erbij hoort.

E

T

B

A

I

R

© Noordhoff Uitgevers

Das ist mein Platz! ______

Und das brauchen Sie dringend. ______

Uhhh. Abgemacht. ______

Nein, erzähl! ______

Na, dann buchen Sie die doch. ______

Nein, ich öffne immer die Tür mit zehn Euro in der Hand. ______

b Bij elke tekening staat een letter. **Maak** van die letters een woord dat hoort bij het hoofdstuk over beroepen en **schrijf** dit op. ______________

H5 Wörter

De letters van het laatste woord in elk rijtje zijn door elk geraakt. **Zet** de letters van dat woord in de juiste volgorde. De eerste en laatste letter staan op de juiste plek.

1. Arbeitgeber – Arbeitnehmer – Büro – BTIEERB ______________
2. Chef – Kollege – Personal – ANUBIELTG ______________
3. Arbeit – Beruf – Job – PXIRAS ______________
4. Beruf – Fachoberschule – Praktikum – ABLDNUISUG ______________
5. Zukunft – wählen – Beratung – DPLIOM ______________
6. verdienen – Steuern – Rente – GHLEAT ______________

H6 Grammatik: voltooid deelwoord van sterke werkwoorden

Beantwoord de vragen. **Kijk** steeds goed naar de tekening die bij de vraag staat.

1. Bist du Rad gefahren? Nein, ______________

____

Noordhoff Uitgevers bv

2. Hat er Fußball gespielt? Nein, *er ist* ______________

____

3. Seid ihr mit dem Auto gefahren? Nein, ______________

____

4. Habt ihr die ganze Zeit gestanden? Nein, ______________

____

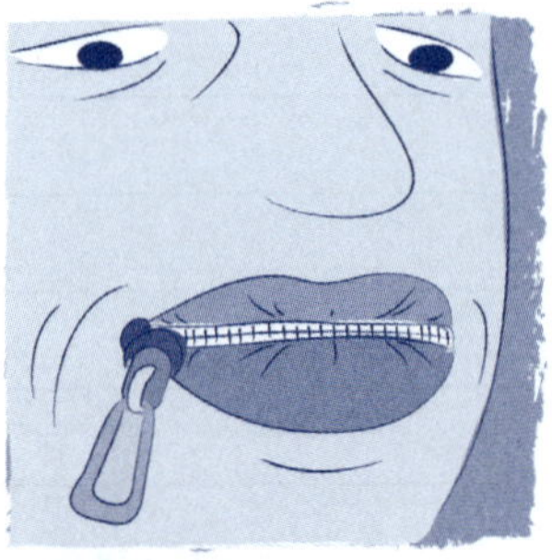

5. Hast du das Geheimnis erzählt? Nein, ______________

____

6. Habt ihr im Restaurant etwas gegessen? Nein, ______________

____

7. Bist du geblieben? Nein, ______________

____

© Noordhoff Uitgevers

H7 Grammatik: voltooid deelwoord van sterke werkwoorden

Zet de zinnen in de voltooide tijd.

1. Der Polizist schießt mit einer Pistole.

   Letzte Nacht ______________________________

2. Ich treffe Hanna vor der Schule.

   Gestern ______________________________

3. Maria liegt in der Sonne.

   In den Ferien ______________________________

4. Meine Mutter schneidet die Pizza.

   Beim Abendessen ______________________________

5. Anna und Klaus fallen immer beim Skifahren.

   Im Skiurlaub ______________________________

6. Fabian wäscht das T-Shirt.

   Am Wochenende ______________________________

7. Wir kommen mit dem Zug.

   Am Samstag ______________________________

8. Lara und Justin geben ihren Freunden ein Geschenk.

   Auf der Geburtstagsparty ______________________________

9. Die Sonne scheint heute nicht.

   Gestern ______________________________

10. Es gelingt mir auf jeden Fall!

    Vorige Woche ______________________________

H8 Grammatik: 4^{e} naamval bepaald lidwoord

Vul steeds de juiste uitgang in. Van alle woorden heb je geleerd, of het een *der*-woord, een *die*-woord of een *das*-woord is.

1. D______ Arzt untersucht den Patienten.
2. Ich habe d______ Kennwort vergessen.
3. D______ Mitarbeiter sind entlassen worden.
4. D______ Fachoberschule steht im Zentrum.
5. Ich habe d______ Computer verkauft.
6. Sie hat d______ Gehalt nicht empfangen.
7. Emily hat morgen um zehn Uhr d______ Vorstellungsgespräch.
8. Hast du d______ E-Mail geschickt?
9. Mein Bruder hat d______ Bildschirm fallen lassen.
10. D______ Nebenwirkung von diesem Arzneimittel ist unbekannt.

ɔordhoff Uitgevers bv

H9 Lesen

Das ist nicht ehrlich!

Ich arbeite seit einigen Jahren als Kellner. Ich liebe diesen Job. Ich habe einen unbefristeten Arbeitsvertrag (*een vast arbeidscontract*) und verdiene gutes Geld. Die Arbeit macht auch noch Spaß. Was will ich noch mehr?

Ich möchte mehr Freizeit, mehr Zeit für mich. Wir – meine Kolleginnen und ich – haben von Ende April bis Ende Oktober Urlaubssperre (*mogen niet op vakantie*) und haben nur einen Tag in der Woche frei. Unsere Chefin fährt mit ihrer Familie im Mai, August und Oktober in Urlaub. Immer wieder lobt sie ihr Superteam und meint: 'Ihr seid alle superfleißig.' Das sind wir natürlich auch.

Gestern kam unsere Chefin aus ihrem letzten Urlaub zurück. Sie war nur kurz im Restaurant und erzählte uns Folgendes: 'Meine Tochter hat die Grippe. Ich kann die ganze Woche nicht arbeiten. Ich muss bei meiner Tochter bleiben.'

Da bin ich sehr böse geworden. Ich habe nichts gesagt, aber ich habe mir gedacht, dass ich das in Zukunft nicht mehr akzeptiere. Ich werde mich für morgen krank melden und ich werde mir einen anderen Job suchen. Ich finde es nämlich ungerecht, dass unsere Chefin nicht arbeitet und dass wir so wenig Freizeit haben.

Axel

Axel heeft problemen op het werk. **Lees** de tekst *Das ist nicht ehrlich!* **Vul** op de open plekken een Nederlands woord in.

1. Axel is ________________ in een restaurant.
2. Hij vindt het werk leuk. Hij klaagt alleen over te weinig ______________________________.
3. Hij en zijn collega's mogen tot eind oktober niet ______________________________.
4. Ze hebben maar ________________ per week vrij.
5. De baas van het restaurant is ______________________ over haar team.
6. Omdat haar dochtertje _____________ is, kan ze niet komen ________________.
7. Axel wil zich morgen _____________ melden.
8. Hij gaat op zoek naar een andere _____________.

H10 Quiz

Deze quiz gaat over de *Landeskunde* van *Kapitel* 13, 14 en 15. **Lees** de vragen. **Kruis** het juiste antwoord aan.

© Noordhoff Uitgevers

1. Het liedje *99 Luftballons* is van de zangeres
   - O A Christina Stürmer.
   - O B Nena.
   - O C Nina Hagen.
2. Het *Computerspielemuseum* staat in
   - O A Berlijn.
   - O B Hamburg.
   - O C Keulen.
3. Konrad Zuse is de uitvinder van
   - O A de computer.
   - O B Pacman.
   - O C Swatch.
4. Brandweerman is in Duitsland
   - O A een matig populair beroep.
   - O B een populair beroep.
   - O C geen populair beroep.
5. De *Viktualienmarkt* in München is een
   - O A kaasmarkt.
   - O B kledingmarkt.
   - O C levensmiddelenmarkt.
6. In Duitsland zijn
   - O A meer dan 200 kuuroorden.
   - O B minder dan 200 kuuroorden.
   - O C ongeveer 2000 kuuroorden.
7. *Bionade* is een
   - O A een drankje zonder alcohol.
   - O B een drankje met alcohol.
   - O C een yoghurtdrankje.
8. Alpenmelk is
   - O A gezonder dan gewone melk.
   - O B net zo gezond als gewone melk.
   - O C net zo ongezond als gewone melk.

H11 Wörter

Welk woord pas het beste in de zin? **Kies** één van de woorden die voor de zin staat en **vertaal** dat in het Duits.

muis / tekens	1. Nein, ich brauche die ______ nicht.
netwerk / beeldscherm	2. Ich muss den ______ mal sauber machen.
telefoon / beltoon	3. Hast du mein ______ gesehen?
bericht / functie	4. Ich habe ihr eine ______ geschickt.
mogelijk maken / ontvangen	5. Ich habe deine E-Mail nicht ______.
fotograferen / bewerken	6. Ich will das Foto noch ______.
gebruikersnaam / printer	7. Was ist dein ______?
kalender / provider	8. Welchen ______ haben Sie?
opslaan / beveiligen	9. Ich muss den Text noch ______.
verslaafd / draadloos	10. Ist er ______? Er ist den ganzen Tag online.

H12 Grammatik: onbepaald lidwoord en bezittelijk voornaamwoord

Vertaal de woorden in de kantlijn in het Duits.

mijn hoofd	1. ______ tut weh.
een blessure	2. Dieser Sportler hat schon seit einem halben Jahr ______.
zijn pijnstillers	3. Mein Opa hat ______ vergessen.
een ziekenwagen	4. Da kommt ______.
onze vriendin	5. ______ sieht blass aus.
geen bijwerkingen	6. Das Arzneimittel hat ______.
haar voet	7. ______ ist ganz rot und dick.
zijn dokter	8. Hast du ______ angerufen?

H13 Grammatik: persoonlijk voornaamwoord

Vertaal de woorden in de kantlijn in het Duits. **Kies** de juiste vertaling uit het kader. Je moet alle woorden uit het kader gebruiken.

dich – du – er – es – euch – ich – ihn – ihr – mich – sie – Sie – sie – sie – sie – uns – uns

ik, jou	1. __________ habe __________ in der Stadt gesehen.
zij, ons	2. __________ hat __________ angesteckt.
u, mij	3. Können __________ __________ morgen anrufen?
hij, hem	4. __________ hat das T-Shirt für __________ mitgebracht.
jij, haar	5. Hast __________ einen Tipp für __________ ?
het, jullie	6. __________ geht nicht ohne __________ .
jullie, hen	7. __________ werdet __________ wieder sehen.
zij, ons	8. __________ haben __________ in der Disko nicht gefunden.

☆ H14 Rätsel

Lees de zinnen. In elke zin wordt een beroep omschreven. Welk beroep is dat? **Maak** je antwoord met twee woordstukjes die op de afvalbak staan. **Let** op: er blijft één beroep over.

© Noordhoff Uitgevers

1. Ich räume alles von anderen Menschen auf. Alles muss sauber sein. ______________________
2. Ich rede den ganzen Tag mit Unbekannten und bin immer freundlich. ______________________
3. Ich habe den ganzen Tag schmutzige Hände und liebe Öl. ______________________
4. Sie sind nicht zufrieden? Dann gebe ich Ihnen einen Gutschein. ______________________
5. Ich liebe einen blauen Himmel und den Schnee. ______________________

D15 Grammatik: voltooid deelwoord

Maak met behulp van de agenda tien Duitse zinnen. **Let** op: de zinnen moeten in de voltooide tijd staan.

Voorbeeld: Am Montag habe ich Mama Geld bezahlt.

1. ______________________
2. ______________________
3. ______________________
4. ______________________
5. ______________________
6. ______________________
7. ______________________
8. ______________________
9. ______________________
10. ______________________

©Noordhoff Uitgevers bv

D16 Grammatik: persoonlijk voornaamwoord in de 1e en 4e naamval

a **Lees** de informatie in het kader.

> Hoe zat het ook alweer met onderwerp (1e naamval) en lijdend voorwerp (4e naamval)?
>
> Het onderwerp vind je door te vragen: Wie of wat + gezegde?
> Wij hebben de film gezien. Wie hebben de film gezien? Antwoord: *Wij*.
> Het lijdend voorwerp vind je door de volgende vraag te stellen: Wie of wat + onderwerp + gezegde?
> Wij hebben de film gezien. Wat hebben wij gezien? Antwoord: *De film*.
>
> Een 4e naamval krijg je ook na de voorzetsels: *durch*, *für*, *gegen*, *ohne* en *um*.

b **Kleur** in de volgende zinnen de 1e naamval blauw en de 4e naamval rood.

1. Er hat mich gesehen.
2. Sie haben uns gefunden.
3. Hast du die E-Mail gelesen?
4. Er hat einen Laptop gekauft.
5. Lisa hat keine Erfahrung.

c **Vertaal** de woorden tussen haakjes in het Duits. **Denk** aan de 1e of 4e naamval.

1. (Ik) ______________ liebe (jou) ______________.
2. (Zij) ______________ muss nach Hause.
3. (Hij) ______________ liegt im Krankenhaus.
4. (Wij) ______________ sehen (jullie) ______________ Weihnachten wieder.
5. (U) ______________ haben (mij) ______________ fotografiert?
6. Hast (jij) ______________ die Nachricht empfangen?
7. Habt (jullie) ______________ (ons) ______________ gesucht?
8. (Zij) ______________ haben (haar) ______________ nicht gesehen.

D17 Lesen

Lees de tekstjes en **streep** telkens het woord door dat niet in de zin past.

1. Wer viel Zucker isst, bekommt keine Zuckerkrankheit!
Stimmt. Mit dem Essen von Zucker hat Diabetes nichts zu tun. Man kann im Leben viel Zucker essen und trotzdem **gesund / ungesund** bleiben.

2. Bei Erkältungen sollte man so viel Vitamin C essen wie möglich!
Falsch! Unser Immunsystem braucht Vitamin C. Zwei bis drei Orangen am Tag reichen auch bei einer Erkältung aus. Zusätzliches Vitamin-C ist **unnötig / nötig**.

3. Vegetarier leben länger!
Stimmt! Vegetarier leben länger. Doch das liegt nicht darin, dass sie kein Fleisch essen. Das liegt daran, dass sie **bewusster / unbewusster** leben: Sie trinken weniger Alkohol, rauchen weniger Zigaretten und machen mehr Sport.

4. Haare wachsen schneller, wenn man sie öfter schneidet!
Nein. Haare wachsen nicht schneller, wenn man sie **nie / oft** schneidet oder rasiert.

© Noordhoff Uitgevers

5. Cola greift den Magen an, hilft aber bei Durchfal!
Quatsch! Cola verursacht keine Magengeschwüre (*maagzweren*)! Und Cola **hilft / verursacht** auch nicht bei Durchfall.

6. Pizza ist gesund!
Ja! Eine frische Pizza kann sogar sehr **ungesund / gesund** sein. Denn sie liefert viele hochwertige Nährstoffe.

D18 Grammatik: voltooid deelwoord van sterke werkwoorden

a Luister op de ▸**Site** naar de zinnen. Van welk werkwoord hoor je steeds het voltooid deelwoord? **Schrijf** het nummer van de zin achter het werkwoord.

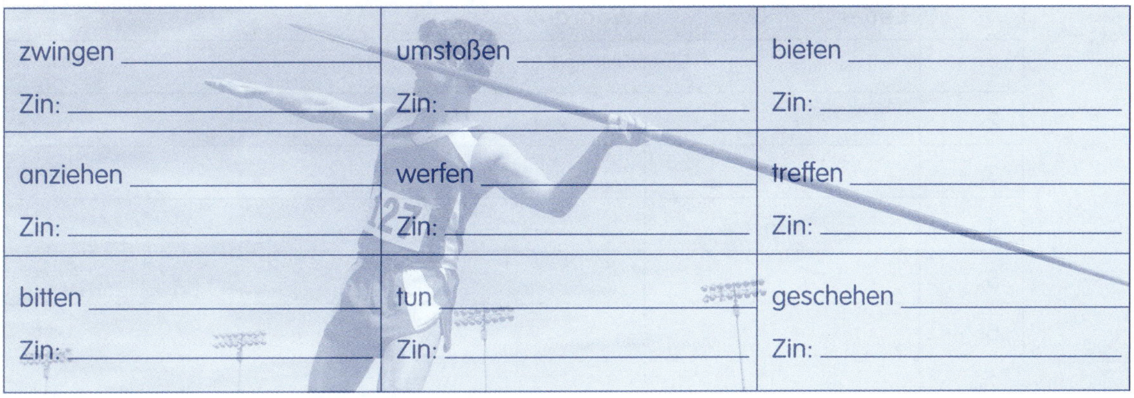

zwingen ______	umstoßen ______	bieten ______
Zin: ______	Zin: ______	Zin: ______
anziehen ______	werfen ______	treffen ______
Zin: ______	Zin: ______	Zin: ______
bitten ______	tun ______	geschehen ______
Zin: ______	Zin: ______	Zin: ______

b Vertaal nu de werkwoorden in het Nederlands; **schrijf** de vertaling in de tabel.

D19 Grammatik: voltooid deelwoord van sterke werkwoorden

Welk voltooid deelwoord is juist? **Streep** steeds het foute woord door. Kijk eerst naar het voorbeeld.

1. Ich habe alle Dateien **gespeicherd / gespeichert**.
2. Kevin und Kilian haben sich vor dem Schwimmbad **getroffen / getrefft**.
3. Au, der Knochen ist **gebrechen / gebrochen**.
4. Der Mitarbeiter hat eine schwierige Aufgabe **bekommt / bekommen**.
5. Der Dieb hat beim Verhör **geschwiegen / geschweigt**.
6. Am Sonntag hat die Sonne den ganzen Tag **gescheint / geschienen**.
7. Dann sind wir **geschwemmen / geschwommen**.
8. Auf der Party hat Pauline ein Lied **gesongen / gesungen**.
9. Hast du dich schon **gewaschen / gewascht?**
10. Ich bin nicht lange **gebleiben / geblieben**.

Noordhoff Uitgevers bv

D20 Wörter

Het vetgedrukte woord past niet in de zin. **Kies** het juiste woord uit de rechterkolom. **Vertaal** dat in het Duits. **Schrijf** de letter en het juiste woord in de antwoordkolommen.

1. Was hast du in deinem **Rücken**?
2. Meine **Gesundheit** tut mir weh.
3. Ich sitze im **Fieber** und warte auf den Arzt.
4. Ich will mich nicht **erholen**.
5. Er ist **blass**, weil er sehr schlecht sieht.
6. Wir bringen Sie sofort zum **Kreislauf.**
7. Was ist passiert? Du hast **Gehirn** auf deiner Hand.
8. Die **Schmerztablette** wird schnell heilen.
9. Das Arzneimittel hat viele **Hände**.
10. Sie hat sich beim Sport verletzt. Sie hat eine **Krankheit** am Fuß.

A bijwerkingen
B bloed
C gehandicapt
D mond
E blessure
F wond
G ziekenhuis
H schouder
I laten besmetten
J wachtkamer

	Letter	Woord
1.		
2.		
3.		
4.		
5.		
6.		
7.		
8.		
9.		
10.		

☆ D21 Rätsel

Bekijk de tekening. Bij alle voorwerpen staat een letter. **Schrijf** de letters die bij de ouderwetse voorwerpen staan op. Welk Duits woord kun je met die letters maken?

Gevonden letters: ______________________ Gevonden woord: ______________________

© Noordhoff Uitgevers

D22 Grammatik: onbepaald lidwoord en bezittelijk voornaamwoord

a **Vul** de volgende tabel verder in.

	mannelijk	vrouwelijk	onzijdig	meervoud
1ᵉ	ein Mann	________ Frau	ein Kind	keine Kinder
4ᵉ	________ Mann	________ Frau	________ Kind	________ Kinder

b Bij de *ein*-groep horen de volgende woorden. **Vul** de tabel verder in.

geen	mijn	jouw	zijn	haar	ons, onze	jullie	hun	uw
______	*mein*	______	*sein*	______	*unser*	______	*ihr*	______

c **Zet** de uitgangen achter de woorden.

1. Ich habe mein______ Fuß (m) verstaucht.
2. Hast du ein______ Gehirnerschütterung (v)?
3. Wo sind sein______ Medikamente (mv)?
4. Mein______ Kind (o) ist krank.
5. Merle hat ihr______ Bruder (m) zum Krankenhaus gebracht.
6. Ihr______ Eltern machen ein______ Kur (v) in der Schweiz.
7. Unser______ Hände sind erfroren.
8. Sarah hat nach der Radtour kein______ Muskelkater (m).

D23 Grammatik: onbepaald lidwoord en bezittelijk voornaamwoord

Maak juiste zinnen. **Denk** aan de juiste vorm van het bezittelijk voornaamwoord. **Kijk** eerst naar het voorbeeld.

Voorbeeld: Schwester (v) / Mein / Jahre / 18 / alt / ist. Meine Schwester ist 18 Jahre alt.

1. hast / Praktikum (o) / gemacht? / Wo / du / dein__
2. Jens / Snowboard (o) / ein__ / gekauft. / neues / hat
3. sehr / Kollegen (mv) / sind / Sein__ / nett.
4. Die / Ring (m). / Frau / ein__ / trägt
5. hat / Der / sein__ / Mann / verloren. / iPhone (o).
6. Wo / Bücher (mv)? / Ihr__ / liegen
7. verbringen / in / unser__ / Wir / Österreich. / Ferien (mv)
8. Bergsteiger. / Mein__ / ist / Bruder (m)

D24 Grammatik: verleden tijd *haben, sein* en *werden*

Zet de onderstreepte werkwoorden in de verleden tijd.

1. Wir sind in Tirol. __________
2. Ich werde krank. __________
3. Isabel hat Bauchschmerzen. __________
4. Wir werden fotografiert. __________
5. Samuel und Peter sind sehr sportlich. __________
6. In Berlin ist ein Filmfestival. __________
7. Seid ihr wieder zu spät? __________
8. Lars hat seine Bücher vergessen. __________

D25 Wörter

Luister op de ►Site naar de uitspraak van de woorden. **Vul** een 'g' of 'ch' in.

1. ein_____eben
2. _____erne
3. _____lauben
4. ma_____en
5. vorsi_____ti_____
6. si_____ern
7. sü_____tig
8. foto_____rafieren
9. ständi_____
10. _____ratulieren

D26 Wörter

Luister op de ►Site naar de uitspraak van de woorden. **Zet** een *Umlaut* op de klinker (a, o, u) waar je een *Umlaut* hoort. Niet alle woorden krijgen een *Umlaut*.

1. verantwortlich
2. das Stellenangebot
3. aufraumen
4. der Beruf
5. die Zukunftsplane
6. computersuchtig
7. der Rucken
8. der Korper
9. ermoglichen
10. loschen

D27 Wörter

Luister op de ►Site naar de uitspraak van de woorden. **Vul** de ontbrekende letter(s) in.
Kies een letter uit het kader.

s – sch – ss – ß – z

1. die Fe_____tplatte
2. das _____eichen
3. der Bild_____irm
4. die _____unge
5. die Bru_____t
6. bla_____
7. an_____tecken
8. entla_____en
9. der Auto_____lo_____er
10. ich wei_____

© Noordhoff Uitgevers

D28 Lesen

Lees de tekst op de poster. Stel je voor, je hebt een sollicitatiegesprek bij een bedrijf in Duitsland. Op de kamer van de baas hangt deze poster. Wat denk jij? **Kruis** het voor jou juiste antwoord aan.

○ A Toll! Hier will ich gerne arbeiten. Der Chef hat Humor.

○ B Nein, hier will ich nicht arbeiten. Dieser Chef hat keinen Respekt vor seinem Personal.

○ C Ich lache über das Poster und denke überhaupt nichts.

○ D Anders nämlich:

____

Noordhoff Uitgevers bv

Verantwoording

Beeldresearch: B en U International Picture Service, Amsterdam

Foto's:
Picture-Alliance, Frankfurt: p. 4, 5 o, 12, 13, 23, 29, 71, 80 mo, 91, 100 lo
Mik Ilmer, Rotterdam: p. 9
Shutterstock: p. 16, 30 l, 54, 80 mb, 86, 100 b, 104, 105, 109
Imageselect, Wassenaar: p. 25, 30 r, 80 b, o
Getty Images: p. 36
Dreamstime: p. 38, 41
BMW, München: p. 49
Jürgen Marthold, www.herschelmittelschule.de: p. 52
Ullstein Bild / Lineair, Arnhem: p. 57
Hollandse Hoogte, Amsterdam: p. 76, 100 ro
Merlijn Michon Fotografie, Amsterdam: p. 88 (4x)
Affiche 'Grossstadtklein': p. 94

Illustraties:
Roel Venderbosch, Nijmegen: p. 3, 4, 7, 18, 34, 37, 46, 48, 66 b, 69 o, 79
Peter Fitzverploegh, Utrecht: p. 5 b, m, 6, 8, 11, 28, 35 (3x), 40, 42 (4x), 44, 49 o, 50, 55 (3x), 66 o, 67 m, 68 (2x), 73, 82 (5x), 87, 96 (6x), 106
Richard Flohr, De Meern: p. 15, 20, 24, 26 (3x), 43 (3x), 47 (8x), 59 (11x), 61 (5x), 62 (4x), 67 b (10x), 69 b (2x), 74 (4x), 77 97x), 81, 89 (8x), 92 (2x), 97, 98 (7x), 102, 103

Met betrekking tot sommige teksten en/of illustratiemateriaal is het de uitgever, ondanks zorgvuldige inspanningen daartoe, niet gelukt eventuele rechthebbende(n) te achterhalen. Mocht u van mening zijn (auteurs)rechten te kunnen doen gelden op teksten en/of illustratiemateriaal in deze uitgave dan verzoeken wij u contact op te nemen met de uitgever.
We have done our utmost to find the addresses of copyright holders from whose work we have borrowed extracts. Despite our efforts we do not always succeed. We kindly invite all those concerned to contact us.

Colofon:
Omslagontwerp: Lava, Amsterdam
Vertaling vormgeving omslag: Marieke Zwartenkot, Amsterdam
Ontwerp binnenwerk: Marieke Zwartenkot, Amsterdam
Omslagfoto's: Shutterstock, Hollandse Hoogte
Opmaak: OKS, Chennai (India)

MIX
Papier van verantwoorde herkomst
FSC® C118189

0 / 14

© 2014 Noordhoff Uitgevers bv, Groningen, The Netherlands

Behoudens de in of krachtens de Auteurswet van 1912 gestelde uitzonderingen mag niets uit deze uitgave worden verveelvoudigd, opgeslagen in een geautomatiseerd gegevensbestand of openbaar gemaakt, in enige vorm of op enige wijze, hetzij elektronisch, mechanisch, door fotokopieën, opnamen of enige andere manier, zonder voorafgaande schriftelijke toestemming van de uitgever. Voor zover het maken van reprografische verveelvoudigingen uit deze uitgave is toegestaan op grond van artikel 16h Auteurswet 1912 dient men de daarvoor verschuldigde vergoedingen te voldoen aan Stichting Reprorecht (Postbus 3060, 2130 KB Hoofddorp, www.reprorecht.nl). Voor het overnemen van (een) gedeelte(n) uit deze uitgave in bloemlezingen, readers en andere compilatiewerken (artikel 16 Auteurswet 1912) kan men zich wenden tot Stichting PRO (Stichting Publicatie- en Reproductierechten Organisatie, Postbus 3060, 2130 KB Hoofddorp, www.stichting-pro.nl).

All rights reserved. No part of this publication may be reproduced, stored in a retrieval system, or transmitted, in any form or by any means, electronic, mechanical, photocopying, recording or otherwise without prior written permission of the publisher.

ISBN 978-90-01-82554-6 250306